日本語の秘密

川原繁人

講談社現代新書

2736

はじめに

本書について

本書は、言語学者である私が近年抱いている「読者の方々に、ことばの様々な側面について、もっともっと知ってもらいたい、そしてもっともっと考えてもらいたい」という想いを前提として、四人の「ことば」のプロたちと語り合った対談をまとめたものです。歌人・ラッパー・声優・言語学者／小説家、彼女ら・彼らがことばとどう向き合っているのか、それを言語学の視点から解釈するとどうなるのか、対話を通してこそ浮かびあがってくる発見と興奮が本書にはつまっています。

また、対談相手の四人は、それぞれの分野で活躍する第一人者として、ことばに関してだけでなく「生きるヒント」についても多くを語ってくれました。ですから、本書には現代を生きる読者に響くメッセージもたくさん込められています。

本書に興味をもってくださった読者の方々は直接対談に飛び込んでもらっても構わないのですが、全体的な見通しをはっきりさせるために、本書の企画が始まった背景について少しお話ししたいと思います。

「言語学ブーム」とその理由①〜人間とは何かを知る

ここ数年、「ことば」に対する世間の興味が非常に高まってきました。私は言語学の研究を続けて二十年以上になりますが、つい最近までは「言語学を研究しています」と口にすると、「言語学って何ですか？」とキョトンとされることがほとんどでした。言語学という名前すら聞いたことがない、ましてや、言語学がどんな学問なのか知らない人が大多数、というのが正直な感触でした。しかし、最近では「言語学ブーム」というフレーズを耳にするようになったほどで、言語学という学問がぐっと身近になった印象があります。この変わりようには、少々——いや、率直に言えば、かなり——驚いています。

なぜ、ことばに対する興味が高まっているのでしょうか？　私の感触では、大きな理由が二つあると思います。

一つ目の理由ですが、二〇二〇年に始まったコロナ禍を経て、二〇二三年にはChatGPTに代表される生成系ＡＩが台頭しだし、現在我々は「激動の時代」を迎えています。そんな時代において「人間とは何か」について問い直したいと思う人が増えているのではないでしょうか。「人間とは何か」という問いは、哲学・心理学・人類学など多くの学問がその答えを得るために奮闘しています。そして実は、言語学も「人間とは何か」の解明を究極的な目標としてかかげています。言語の分析を通して、「ヒト」という生物学的な種について洞察を得る――これは、現代言語学に通底する信念です。たとえば、現代言語学に多大な影響を与えたノーム・チョムスキーは以下のように述べています。

言語を研究する一つの理由として、言語を……「精神の鏡」とみなすことに心がひかれるということもある。私個人にとっては、これが最も強力な理由なのである……人間という種の精神的特質に発する原理を、言語研究によって見出すことができるかもしれないのである。（『言語論』井上和子ほか訳〈大修館書店、１９７９〉pp.６－７）

現代言語学には様々な流派があり、「言語の何について、どのように研究すべきか」に関して侃侃諤諤《かんかんがくがく》の論争が続いていますが、「言語分析を通して、人間についてより深い理解を得たい」という目標は共有されていると思います。

ヒトという生物に不可欠なものとしての言語

この目標の基盤となっているのは、「言語はヒトという種に固有なものである」という観察です。たしかに、蜂や鳥なども洗練されたコミュニケーションシステムを持ちます。例えば、蜂はそのダンスの仕方によって、餌場の場所を仲間に知らせますし、鳥たちが使っているコミュニケーションも、以前考えられていたよりも、ずっと複雑で精密なことが近年の研究でわかってきました。[1] これらの知見を軽視するつもりはありませんが、それでもやはり、人間言語の複雑さは、他の生物のコミュニケーションシステムのそれを大きく上回っています。

人間が思考する際にも、言語は重要な役割を果たしています。人間言語の大事な特徴として、「今ココ」だけでない、過去や未来の事象、そして目の前で起こっていないことを表現できる、というものがあげられます。この言語の性質は少なからず、人間の思考の可能性に影響を与えています。遠い過去のことに思いを馳せ、未来の事柄についてワクワクできる生物は人間だけです。[2] また、「言語の創造性は無限である」という点を、現代言語学は重視しています。話者は過去に使われたことのない表現を作りだし、聴者は過去に聞いたことのない表現を理解できる。この意味で、言語は人間の創造性を支えているとも言えるでしょう。

まとめると、「言語を知ることでヒトを知ることができる」という考えには一理も二理もあるように思えます。そして、これは私が個人的に言語学の醍醐味《だいごみ》として感じていることですが、「自分」も「ヒト」ですから、すなわち「ヒトを知る」ということは「自分を知る」ことです。言語の分析を通じて自分自身についてより深く知ることができる――これは、言語学を探究する大きな意義だと思っています。

「言語学ブーム」とその理由②〜書き言葉による炎上の原因を知る

「言語学ブーム」の背後には、もう一つより現実的な理由も潜んでいるかもしれません。というのも、インターネットが広まったことにより、私たちのコミュニケーションにおいて書き言葉が占める割合は一気に増大し、必然的に音声ベースのコミュニケーションの割合は激減しました。一昔前までは音声で伝えていたことの多くの部分を、メールやSNSが媒介することになったのです。その便利さは否定できませんが、書き言葉が基本となるインターネット上のコミュニケーションでは、不必要なすれ違い――そして、それを原因とする「炎上」――が多発していることも事実です。

書き言葉では、音声が持つ「声色」「アクセント」「イントネーション」「間の取り方」など多くの要素が捨象されます。ですから、書き言葉を通してでは、相手の意図を誤解する可能性が高まるのは、ある意味当たり前のことです。このすれ違いの多さに危機感を覚え、「ことばとは何か改めて考えたい」と感じる人が増えているのではないでしょうか。

ことばというものは、物心ついた頃には習得しているもので、さらに毎日使っているものですから、そこにあることが当たり前な「空気」のような存在だと言えるでしょう。日常生活でいちいち空気について意識しないのと同様に、言語についても、改めて考えない人がほとんどでしょう。たしかに自分の体の中で、どの器官がどのように動いて声を発しているかなどを考えていたら人生忙しくてたまりません。しかし、空気と同じように、言語も人間の生活にとって必要不可欠なものです。だからこそ、(たまにでもいいから)言語と向き合うことの重要性が見直されているのでしょう。

言語にどう向き合うか〜アプローチの多様性

本書の企画は、このような問題意識を背景として始まりました。著者である私は、主に人間が用いる「音」について研究する「音声学・音韻論」が専門です。簡単に言うと、これらの学問は

- 人間が言語音を発するとき、どの器官をどのように使うのか
- 人間が発した音は、どのように空気を伝わるのか
- 聴者は、その音をどのように知覚するのか
- 人間は母語の音に関して、どのような抽象的な知識を持つのか

というような問題を研究対象とします。

「言語学ブーム」と言われるだけあって、近年では多数の言語学に関する好著が出版されています。そんな中、本書が他の書籍と決定的に違う点をあげるとすると、それは「切り口」と「捉え方」の多様性です。言語学者として、言語と向き合い続けて二十数年、痛感するのは、言語には実に様々な側面があるということです。

一方で、「言語の本質的な性質とはこれこれである。よって、言語学の分析手法はかくあらねばならない」と断定する研究者も少なくありません。たとえば、前述したチョムスキーが提唱した「生成文法」では、現在、「言語の本質」に関して非常に限定的な考え方をしていて、言語の多くの側面が「本質的でない」という理由で分析対象から外されます。若かりし頃の私は、生成文法家として研究を始めたのですが、その限定的な考え方と相容れないこともあり、主流の生成文法とは別のアプローチを探究することになりました。

もちろん、研究者たちがこのような研究哲学を持つ意義を否定しているわけではありません。しかし、そのような考え方はあくまで一意見であり、言語に対する視野を狭めることにもなりかねません。少なくとも一般読者の方々には、言語の様々な諸相を体験してもらいたい、と感じています。

では、言語の諸相を必ずしも言語学に触れたことのない読者に体験してもらうには、どうしたらよいか。言語の一側面を専門的に研究する私一人では力不足です。そこで、本書では「ことばのプロ」の方々と対談することで、ことばの魅力に迫ってみました。そんな対談相手は以下の四人です。

- 俵万智（歌人）
- Mummy-D（ラッパー）
- 山寺宏一（声優）
- 川添愛（言語学者・小説家）

どなたも言語を使った表現者として、それぞれの分野で超一流の実力を持っています。そんな彼女ら・彼らが感じている言語に対する感覚や問題意識について、言語学者である私が対談を通して一緒に考えさせてもらいました。

本書を読めば体験してもらえると思いますが、これらの対話から言語の重要な諸相が浮かびあがってきました。「言語とは何か」そして「人間とは何か」。これは、他者に回答をもらえる問いではなく、人間一人ひとりが問い続けるべき問題です。ですから、本書の中には直接的な答えは書いてありません。しかし、この問題について考えるヒントがたくさん埋まっていることはお約束できます。

四人との対談は別々におこなったもので、五人が一堂に会したわけではありません。しかし、それぞれの対談の中でくり返し現れるテーマがあり、それらはやはり現代人にとって重要な課題に関わっています。例えば、先ほど触れた「書き言葉だけでコミュニケーションを取ることの危険性」については、俵さん・山寺さん・川添さんが各々の立場から指摘していて、現代人が言語についてより深く理解する重要性を物語っています。一方で、言語を深く理解することは、そこまで難しいことではなく、その第一歩は「ことばで遊ぶことだ」というメッセージも俵さん・Mummy-Dさん・山寺さんがそれぞれ証言しています。

他にも、「AIと人間言語の関係」や「ことばの多様性の重要性」なども、本書の中でくり返し現れるテーマとなっていて、多くの読者の生活と直接関係する話題が本書には頻出します。また、「短歌」と「ラップ」という一見まったく別のジャンルで活動する芸術家が、日本語について同様の言語感覚を持っていて、それを各々の作品に活かしている、という驚きもありました。本書を通じて、読者にもこのような驚きを追体験してもらえれば、非常に嬉しく思います。

また、本書には一流の表現者たちによる「生きるヒント」がちりばめられています。ことばと常に正面から向き合って生きているプロたちは――当然のことではありますが――やはりことばを深く理解しており、それはそのまま生きるヒントにつながっています。私自身、原稿を編集している際に、何度も対談相手の言葉に勇気をもらいました。本書の主題はあくまで言語ですが、それぞれの分野で活躍する人たちから発せられる「生きることそのものに対してのヒント」も本書の醍醐味です。

それでは、我々の言語談義を存分にお楽しみください。

参考文献

1　山極寿一・鈴木俊貴（2023）『動物たちは何をしゃべっているのか？』集英社

2　Gilbert, D.（2007）Stumbling on Happiness. HarperPerennial.

目次

の背後にある論理を吟味する／言語学研究の面白さとは／ことばは「揺れる」もの／言語学は何の役に立つ？／外国語学習にも有用な音声学の知識／研究者の責任としてのアウトリーチ／読み言葉と書き言葉の違い／歌い手の悩みに言語学が答える／言葉の意味の多層性：論理的な意味と論理的でない意味／ＡＩは人間の代わりになりうるのか／小説家として何を表現するか／正しい日本語なんてない／知れば知るほどわからなくなる

あとがき

第1章　言語学から見える短歌の景色

俵万智《たわらまち》

歌人、1962年生まれ。早稲田大学第一文学部在学中に歌人の佐佐木幸綱に出会い短歌を始め、1987年に第一歌集『サラダ記念日』を発刊。同書は280万部超のベストセラーとなる。短歌のほかにもエッセイ、評論、小説、紀行など幅広く執筆活動を続ける。2023年には秋の紫綬褒章を受章。

出会いのきっかけ

俵　川原先生と繋がったきっかけはＳＮＳのＸ（旧Twitter）でした。私が先生をフォローしていて、ある日ふとツイートが目に入ったんです。

そこで先生がご自身の著書『「あ」は「い」より大きい!?』（17年、ひつじ書房）を文庫化したいと書かれていて、「ぜひ！　私でよければ、解説書かせていただきたいです」と話しかけたのが始まりでした。

川原　あれには驚きました。まさか俵万智さんが自分のツイートに反応してくれるなんて、夢にも思いませんでしたから。

ただ、私が俵さんの気配を感じ始めたのはもう少し前で、私と共同研究者たちで開発した「ＩＰＡカード」を息子さんが注文してくれたことが始まりだったんです。ＩＰＡ（International Phonetic Alphabet）は日本語では「国際音声記号」と呼ばれるもので、音を書き取るために音声学の世界で使われている共通ツールです。この記号を使えば、世界中のすべての言語音を書き取れるとされている。でも、その記号は子音だけでも70種類以上あって、それぞれの記号について「声帯は振動しているか」「口のどこで発音しているか」「口や鼻から空気はどのように流れているのか」などが決まっています（図１－１）。正直なところ

	両唇音	唇歯音	歯音	歯茎音	後部歯茎音	そり舌音	硬口蓋音	軟口蓋音	口蓋垂音	咽頭音	声門音
破裂音	p b			t d		ʈ ɖ	c ɟ	k ɡ	q ɢ		ʔ
鼻音	m	ɱ		n		ɳ	ɲ	ŋ	ɴ		
ふるえ音	ʙ			r					ʀ		
はじき音		ⱱ		ɾ		ɽ					
摩擦音	ɸ β	f v	θ ð	s z	ʃ ʒ	ʂ ʐ	ç ʝ	x ɣ	χ ʁ	ħ ʕ	h ɦ
側面摩擦音				ɬ ɮ							
接近音		ʋ		ɹ		ɻ	j	ɰ			
側面接近音				l		ɭ	ʎ	ʟ			

図1-1：IPA（国際音声記号）における子音の表（肺から流れてくる空気を使う子音に限る）。これらを無理に暗記しようとすると音声学が嫌いになってしまう可能性がある

ろ、音声学の初学者にとってIPAは必ずしも親しみやすいわけではない。音声学入門の授業でIPAを暗記させられて音声学を嫌いになってしまった学生の話もよく聞きます。

そこでIPAに楽しく親しんでもらうためにも、トランプのように遊べるカードを開発しました（図1－2）。ひとつの記号に一枚のカードが割り当てられていて、それぞれの音の特徴が書かれている。それを使って神経衰弱やカルタができるので、知らず知らずのうちにIPAや音声学の基礎概念に親しむことができる。しかもQRコード付きで、スマホを使えば実際の音声が聞けます。そのカードの販売を始めてすぐのときに、慶應義塾大学の事務の方が「俵万智さんの息子さんから注文が来ました」と教えてくれました。

その後、息子さんからご自身が書かれた論文が送られてきました。論文は短歌の字余りがテーマでした。まだ高校生だったので専門的な用語は使われていませんでしたが、「音節」の概念を扱っていた。後ほど詳しく説明しますが、短歌で音の数を数えるときには、一般的に「拍」が基本だとされています。簡単に言えば、ひらがな一文字ですね（ただし、小さい「ゃゅょ」は除く）。しかし、息子さんがどういう句に字余りが現れやすいかを調べてみたところ、「あい」という母音の連続が含まれる場合が多いことがわかった。これは「あい」の「い」が前の「あ」と同じ音節を形成するからだと考えられます。「あい」は二拍ですが、一音節なんです。つまり、短歌における数の数え方には音節も関わっているかもしれない。そんな高校生が書いたとは思えない高度な内容でした。

俵　私が先生のSNSをフォローするようになったのも、息子から「川原繁人さんという先生の本が面白いから、絶対に読んだ方がいい」と勧められたからです。実際に読んでみたら、どんどん引き込まれてしまった。それ以来、親子で競うようにして先生の著書を読

図1-2：IPAカード。IPAに楽しく親しむために川原が共同研究者たちと開発したもの

むようになりました。
先生に影響を受けたこともあって、息子は大学に進学することを決めました。もともとは地域活性化に興味を抱いていて、高校を卒業したらその問題に関わる仕事をしようと考えていました。よく「大学はいつでも行けるけど、人口が減少している地域はこのままにしていたら廃れてしまう」と言っていました。でも先生の本と出会って、もっと大学で言葉の勉強をしたいと考え直したようです。

川原　息子さんに学問の楽しさを伝えられたのであれば光栄です。私も以前から俵さんの作品のファンで、『音声学者、娘とことばの不思議に飛び込む』（'22年、朝日出版社）の中でも短歌を紹介させてもらいました。「『今いちばん行きたいところを言ってごらん』行きたいところはあなたのところ」（'87年、角川書店『とれたての短歌です。』より）という歌です。あとでじっくり解説しますが、この作品は、字余りが言語学的に非常に理にかなった方法で使われています。先ほどの息子さんの論文の分析とも通じるところもある。

言語学者に作品を分析されるとは!?

俵　普段、私は短歌を詠むとき、学問的なことなどは考えずにやっています。それを音声学的な視点で分析してもらうと、自分の短歌を客観的に捉えられる。先生の分析を読んで、自分の作品なのに目から鱗が落ちるようでした。短歌を作るときに感覚的に選択していたことが言語化されていく感動です。「あ」と「う」だったら「あ」の音の方が明るい印象だというのは、言葉にはしないけれど心のどこかでたしかに感じている。それを発音や発声の学問的な根拠に基づいて示されるとスッキリします。

川原　そのような感覚は『「あ」は「い」より大きい!?』のメインテーマになった「音象徴《おんしょうちょう》」という現象ですね。音自体からある特定の意味が喚起される現象です。音象徴的な感覚が短歌作りにも応用されていると知れて、こちらとしても嬉しいです。

私はことばのプロが無意識でやっていることに対して、作品へのリスペクトは大事にしながらも、科学的な裏付けをしたいと思っています。最近では、そういった分析を提供できることが言語学の大きな意義だとすら感じているんです。ことばに生きるプロたちがいかに凄いことをやっているのかを第三者の立場から言語学的に証言したい。でも、それは言語学者である私が、外部の立場から勝手にやっていることなので、作品を作った本人たちからどう思われているのか不安でもあります。みなさんの作品を勝手に分析対象にしてしまっているわけですから。

俵　いえいえ、自分の作品を真剣に分析してもらえるのは貴重な体験です。

川原　でも、言語学的に分析しないと、作品の意図が伝わらないわけではない。作り手と受け手が同じ感覚を持っていれば作品のメッセージは伝わる。それは作り手と受け手が日本語という言語を介して共鳴し合うから。当たり前のように感じられるけれど、それはそれで凄いことです。ただし、言語学というレンズを通して見ると、俵さんの作品の新たな魅力が浮かびあがってくることも事実だと思います。

では、具体的な話に入っていきましょう。

頭韻の効果

川原　まずは俵さんの短歌でもよく用いられている「頭韻」です。頭韻とは語句の頭同士で同じ音を重ねて独特の響きをだす手法で、「サクラ咲く」など身近な表現でも使われます。「サクラ」の「サ」と「咲く」の「さ」が同じ音。この例では「サ」という音がひとつのかたまりで使われていますが、俵さんの場合は、たとえば「サ」という音を子音[s]と母音[a]に分解して、子音だけで頭韻を踏むことも多いようです。

この頭韻の観点から改めて俵さんの作品を見ると、興味深い例がたくさんあります。たとえばベストセラーになった歌集『サラダ記念日』（'87年、河出書房新社）の中に「サ行音ふるわすように降る雨の中遠ざかりゆく君の傘」という歌があるんですが、この歌は一首の中でも書かれているように、「サ行音」を意識している。それだけでなく、「無声阻害音」が多く含まれています。無声阻害音というのは口の中が狭《せば》まったり閉じたりして、その結果、空気の流れが阻害され、声帯が振動しない状態で発音される音のことです。「濁点がつけられるけど、ついていない音」と考えてもいい。この歌をその観点から眺めてみると、「サ行[s]」「ふるわす[f]」「降る[f]」「遠ざかり[t]」「君の傘[k]」と、無声阻害音で始まる単語が多く浮かびあがってくる。それに「君の傘」の[k]の音の重ね合わせも気持ちがいい。

俵 短歌は韻文なので、音の響きを大事にしています。だからAとBという別の言葉が選択肢に浮かんだら、口に出して「気分の良い」方を選ぶことはあります。

だからといって、「さようなら」より「こんにちは」の方が音が気持ち良いからという理由で文脈や意味を無視して言葉を決めることはしません。あくまで短歌を通して何を伝えたいかが一番大事。韻を踏むのは、歌のメッセージを伝えるためのひとつの技法です。

川原 音の響きと言葉の意味のバランスを意識しながら短歌を作っているんですね。その上で、どちらかを選択しなければいけない場合には意味を重視する。意味が決定打にならないときに、次に音が決め手となる。

これまで俵さんは数多くの短歌を生み出してきましたが、音の側面を重視した歌で思い出深い作品はありますか?

俵 それがまさに「『この味がいいね』と君が言ったから七月六日はサラダ記念日」と詠ん

だ「サラダ記念日」です。実は、あの歌には実体験があります。かつて恋人と一緒に野球観戦に行った時、手作り弁当の中に入れたカレー風味の唐揚げが彼に好評だったので、その時の気持ちを歌にしようと思って作りました。だから、本当はかつての恋人が「この味がいいね」と言ったのはサラダじゃなくて唐揚げだったんです。

川原　それはすごい話ですね！「サラダ記念日」にそんな裏話が隠されていたんですか。

俵　でも、この歌に「唐揚げ」という言葉を使うと、どうにも馴染まない。なんだか重く感じます。嬉しさや前向きな気持ちがモチーフになっているあの歌には、もっと爽やかで軽やかな語感の食べ物が似合っている。そこでサラダを思いつきました。そうなると季節は野菜が元気な六月《ろくがつ》か七月《しちがつ》が適しています。ならば断然、「サラダ」の「S音」と響き合う七月の方がいい。

川原　「六月」と「七月」という選択肢があるときに、「サラダ」の[s]との頭韻を意識して「七月」を選んだ、ということですね。それは言葉選びに選択肢がある場合、音の響きが重要になるということを意味します。一方で、俵さんは短歌の全体的なメッセージ（意味）が第一と考えるのも興味深いです。だからこそ「唐揚げ」を選んで、その[k]を合わせて「九月」を使い「九月六日は唐揚げ記念日」にはならなかった。「唐揚げ」と「サラダ」だと大分イメージが変わってしまいますからね。

俵　脱線しますが、サラダという言葉について面白いトリビアを聞いたことがあります。日本人は普通、英語で[d]の子音がきたあと、[o]を足して「ド」と発音する傾向がある。子音の[d]が落ち着かないから、そこに母音の[o]を入れて無理やり発音するといいます。

川原　そうなんです。日本語はそもそも子音で単語を終えることができないし、子音と子音の連続も許さないので、母音が後ろに続かない子音を含む単語を外国語から借用するときには母音が入ります。そこで、どんな母音が入るかを分析すると非常に面白い。[1]一般的に入る母音は、[u]なんです。「クリスマス（kurisumasu）」なんて、もとの英語（Christmas）には存在しない[u]が3つも入っています。しかし、日本人にとって[tu]とか[du]というのは言い慣れなかったからでしょうか、[t]や[d]の後には[u]ではなくて[o]を入れる傾向があります。「トースト（toast）」「キャット（cat）」「ドレス（dress）」などが良い例です。

俵　石川啄木の明治の作品に「悲しき玩具」という歌集があって、そこでも「あたらしきサラドの色の／うれしさに、／箸とりあげて見は見つれども――」と書かれている。

　学生時代に初めてこの歌を知った時は、「おいおい石川啄木、何を気取って『サラド』とか言ってんだよ」と思ったけど、後々、理論的には「サラド」の方が理にかなっているんだと知りました。明治時代は啄木だけじゃなく、みんなサラダをサラドと呼んでいたようです。けれど現在では、サラドという読み方は廃れて[d]の後に母音の[a]がついてサラダと読まれている。なぜ、いつから変化したのか。これはとても不思議です。

川原　もしかしたら、「サラダ」の「サラ」の部分では母音が[a]、[a]と続いているから、最後の母音も[a]で合わせたくなったのかもしれません。その方が発音上は楽だと考えてもおかしくはない。このように、単語の内部の母音が同じになったり似たようなものになったりすることを「母音調和」と呼びます。誰かが母音調和を起こして「サラダ」と呼びだして、それが定着していった、というのはあり得ることだと思います。

俵　「サラダ記念日」について本音をいえば、「この味」の「じ」の音は、いまだに気に入らないんです。あの歌には、「J」の音がどうしてもそぐわない気がずっとしている。何とかしたいな、他の表現はないかなと思いながらも今の形で落ち着いてしまった。余計な濁音が入っているようで違和感があります。

川原　濁音の音象徴的な意味に違和感を抱いた、ということですね。たしかに、濁音はネガティブな感覚が伴いがちです。「ポトポト」したたっている水と「ボトボト」したたっている水だと、後者はなんだか嫌な気分がする。「ぷよぷよ」は可愛いけど、「ぶよぶよ」はあまり可愛くない。「とりは食うとも、どり食うな」というように、「とり」に濁点をつけると「とりの食べられない部分」という意味になるし、「カニは食ってもガニ食うな」も同様で、「ガニ」は「カニ」の美味しくない部分を指す。[2] それに濁音はウルトラマンの怪獣の名前に出てきやすいし、ポケモンの悪役キャラクターの名前にも出てきやすい。[3] つまり、あの歌の爽やかさに濁音のネガティブな響きが馴染まないということですね。

俵　加えて、短歌というのは生き残り続けたら何が起こるかわからないともしみじみ思います。今、ＳＮＳでの投稿に対して「いいね」を押すじゃないですか。図らずもサラダ記念日は35年前に「この味がいいね」と時代を先取りしていた。時々、「俵さん、『いいね』使うのめちゃくちゃ早かったんですね」と冗談まじりに言われます。

　あの歌を詠んだ当初は「七月六日はサラダ記念日」という言葉が作品の眼目だったんですが、今は「いいね」の元祖と言われている。時代が変わるにつれ、歌の受け止められ方が変わっていきました。そんな日が来るとは想像もしていなかった。

川原　私だって２０１７年に出版した本に対して、２０２２年になって俵万智から直接声をかけてもらうなんて思ってもみませんでした（笑）。

　話を戻しましょう。「サラダ記念日」もそうですが、俵さんの短歌には[s]音を繰り返す作品が多い印象を受けます。

俵　私はとりわけ[s]音が好きで、改めて自分の短歌を読み返すと「サ行」が多い。[s]音を重ねることで聴覚的な効果を狙っているんです。「さくらさくらさくら咲き初《そ》め咲き終りなにもなかったような公園」（『サラダ記念日』）という短歌は、かなり[s]音を意識して作りました。また、「さんがつのさんさんさびしき陽をあつめ卒業してゆく生徒の背中」（『かぜのてのひら』）という歌も[s]音を集めている。

川原　たとえば、ソクラテスは「[s]は風を表す」という言葉を残しています。[4] 人間は古来から、サ行音に爽やかな印象を抱いてきたのかもしれません。

俵　たしかに[s]音はそういうイメージです。

川原　古代インドの哲学書ウパニシャッドでも、「[s]は空だ」と書かれているらしい。[5] [s]に対するイメージは古代から共通している部分があって、それが短歌の世界にも息づいているのかもしれません。世界中の言語をすべて調べたわけではありませんが、やはり[s]は「風が流れる」イメージがある。これは[s]を発声するときに、口の中で多くの空気が流れるので、その空気の流れが「風」というイメージに結びついたと考えると、音声学的にも理にかなっています。だから、このイメージが時代や地域を超えて成り立ってもおかしくはない。

その一方、たとえば[k]はパーカッション的な音が出るし、軽快なイメージが持たれる。第2章で登場するラッパーのMummy-Dさんはこれを利用して、自分のラップに独特のリズムを持たせているとおっしゃっていました（87〜92ページ）。

俵　私の歌ではないんですが、歌人の永井陽子さんに「べくべからべくべかりべしべきべけれすずかけ並木来る鼓笛隊」（『樟の木のうた』）という短歌がある。これは[k]音を重ねて、鼓笛隊の躍動感やシャキシャキした感じを出している。

川原　他にも、俵さんの作品で「おみやげの讃岐うどんが社名入り封筒の中からあらわれる」（『サラダ記念日』）という短歌も興味深い。讃岐うどんは[s]、社名は[sh]、封筒は[f]という無声摩擦音で始まります。これらはすべて声帯が振動せず、口のどこかで摩擦が作られる音で、似たような音が同じ歌の中でくり返されています。言語学の観点からは、この歌は「[s]がくり返されている」と考えるよりも「無声摩擦音（つまり、[s]と[sh]と[f]という似た響きの音）がくり返されている」と捉えた方が自然です。俵さんは「[s]音単体」ではなくて「無声摩擦音」というような意識を持って短歌を作られることはあるのでしょうか。

俵　無声摩擦音とは……捉えていないですね。あくまで[s]音やサ行として考えています。「讃岐うどん」と「社名」は[s]音でピンとくるけど、「封筒」が無声摩擦音として響きに絡んでいると考えたことはありませんでした。

川原　なるほど、意識して使っているわけではないんですね。でも、言語学者としてはどうしても「同じ」音を重ねている例だけではなくて、「似たような」音を重ねている短歌にも目がいってしまいます。そして詠み手は無意識のうちに「同じ音」だけじゃなく「似たような響きの音」を選んでいるのでは、と推測してしまいます。

そう考えたくなるのには根拠があって、まず厳密にいえば、「讃岐」の[s]と「社名」の[sh]

は似ているけれど違う音です。[sh]の方が少しだけ口の奥で発音されます。他にも面白い例がたくさんあるんです。たとえば、言語学者として垂涎《すいぜん》ものの例が「パスポートをぶらさげている俵万智いてもいなくても華北平原」（『サラダ記念日』）という短歌。ここでは「パスポート」「俵万智」「華北平原」と並んでいますが、それぞれの始めの音は[p]、[t]、[k]となっています。言語学では、[p]、[t]、[k]を「無声破裂音」と呼びます。まず、どれも発音するときに声帯が振動しないから「無声音」。そして、どの音も発音するときに口が閉じて、口の中の気圧が高まります。口の閉じが開放されると破裂が起こるので、「破裂音」です。

俵　まさに言語学的な分析ですね。この歌も無意識で詠んでいました。歌の内容通り、本当に旅行中に華北平原でパスポートをぶら下げていた経験があったんです。そのときのイメージのままに歌を作ったのですが、まさか音の観点から評価されるとは。

川原　無声破裂音は、日本語では[p]、[t]、[k]しかない。そしてどこの位置で「閉じ」が起きるかを考えると、[p]＝「唇」、[t]＝「舌先」、[k]＝「舌の奥」と前から後ろに移動していきます。発音する場所が前から後ろに変化していくパターンを人間は心地よいと感じる、という研究があるんです[6]。日本人を対象にした実験はまだ行われていないので、この結果をそのまま俵さんの歌の分析に当てはめていいのかは、ちょっと自信がありませんが。ともあれ、似た響きの子音が綺麗に並んでいるのは間違いない。それだけでなく母音も「パスポート」の「パ」、「俵」の「た」、「華北」の「か」と、[a]で揃っている。見事です。

俵　これからは川原先生のお墨付きをもらったと自慢します。

川原　まだあります。「一山で百円也のトマトたちつまらなそうに並ぶ店先」（『サラダ記念日』）という短歌でも、「ま」（一山）、「な」（百円也）、「ま」「な」「に」（つまらなそうに並ぶ）、「み」（店先）と、[m]と[n]の鼻音が続いている。鼻音というのは、鼻から空気を流して発音する音たちです。これも、「同じ子音」というよりは「似た子音」が並んでいます。

　鼻音で言えば、「昨日すこし今日もう少しみどりごはもこむくもこむく前へ進めり」（『プーさんの鼻』）という歌も頭韻がはっきり聞こえてきますね。これは「み」「も」「む」「ま」「め」で[m]の頭韻が続いている。その上、[m]の響きと歌の内容が合致しています。

俵　「もこむく」という言葉は自分で作ったオノマトペです。赤ちゃんの丸い感じと、不器用に前進していくニュアンスを出したかった。

川原　赤ちゃんは、[m]の音をたくさん出します。特にミルクや母乳を飲んでいるとき。両唇は塞がっていて、鼻で呼吸しながら飲むと自然とでてくる音は[m]になります。それに[m]のように、両唇を使って発音する音は「丸い」感じにぴったりだという研究結果もある。[7]母音も[o]と[u]で統一されていて、これらも両唇が丸まって発音されます。こう考えると、「もこむく」＝「丸い赤ちゃん」というのは音声学的に非常に納得の造語です。

くり返しという技法

川原　頭韻の他に、短歌を詠む上で効果的な技法にはどのようなものがあるのでしょうか。

俵　よく使われるのは「リフレイン（くり返し）」です。同じ言葉を意図的にくり返すことで、「うねり」を作り出す。これは歌人がしばしば使う手法です。たとえば昔、「ゆりかもめゆるゆる走る週末を漂っているただ酔っている」（『チョコレート革命』）という歌を詠みました。ここでは下の句で「漂っているただ酔っている」という言葉を並べている。「ただよっている」は違う意味ですが、同じ音です。日本語は同音異義語が多いから、それらを意図的に並べてみると動きが出てきます。

そもそも短歌は31文字に限られているので、リフレインは経済的ではありません。同じ言葉をくり返すと、その分31文字の中で使える言葉数が食われてしまいます。でも、「生ビール買い求めいる君の手をふと見るそしてつくづくと見る」（『サラダ記念日』）のように「見る」を重ねることで、短歌の主眼をそこに持っていくことができる。

短歌はひとつの歌の中に多くのメッセージを詰め込めばいいというものじゃありません。不経済でもリフレインの効果をとった方がいいこともある。たとえば「生まれてバンザイ」なんて、「バンザイの姿勢で眠りいる吾子よ　そうだバンザイ生まれてバンザイ」（『プーさんの鼻』）と、同じ言葉を3回もくり返している。それでもリフレインすることでリズムや心地よさが生まれる。そのニュアンスを大事にしたいんです。

川原　逆に、リフレインを多用することのデメリットはあるのでしょうか。

俵　リフレインって、無条件に気分が良くなってしまう。やりすぎると表現として過剰になってしまうんです。簡単に「いい感じ」になれてしまうと言うのかな。だからこそ抑制が必要で、使いすぎないように気をつけています。要するに「取り扱い注意」の技法です。

ただ、谷川俊太郎さんに言わせると、そもそも短歌の五音七音というのはそれ自体がリフレインなみに心地よいと。だから詩人の谷川さんからは「君らはずるい」と冗談で言われます。たしかに、五音七音のリズムは簡単に調子が良くなってしまう面もある。それに甘えてはいけない、と常に注意しています。

川原　リフレイン（くり返し）が無条件に気持ち良い、というのは興味深いです。というのも私はラップの韻の研究もしているのですが、よく「韻の効用ってなんですか？」と聞かれる。日本語ラップでの韻とは、まさに母音が共通している単語や句を「くり返す」ことにありますが、その「くり返し」が無条件に心地よいのかもしれません。

音楽でも同じメロディーがくり返されることが多いし、幼児用の絵本は、同じパターンがくり返されることが基本になっているものが多い。「くり返しが心地よい、安心する」という本能的な感覚があるのは納得です。どうやら人間はくり返しが好きみたいですね。

関連して、親が赤ちゃんに話しかけるときに使う幼児語には、「めんめん」「ぽんぽん」「くっく」「たった」のようにくり返しが多い。これは日本語に限らなくて、英語でも汽車のことをchoo-chooといったり、「おやすみ」をnight-nightといったりするし、くり返しは他の言語でも頻繁に観察される現象です。[8] もしかしたら、この親からの愛情が人間の「くり返し好き」の源泉なんじゃないかな。もちろん、くり返しの心地よさを赤ちゃんのために親が利用しているかもしれないので、因果関係は証明できませんが。

連濁の不思議

俵　そういえば、先生にお聞きしたいことがあったんです。我が家で未解決の問題があるので、ぜひ教えていただきたい。連濁（二つの単語をくっつけて複合語を作るとき、ふたつめの語頭が濁音に変わること。「ときどき」「いけばな」など）についてです。

息子が小さい頃、「お母さん、別腹ってなに？　なんで『べつはら』じゃないの？」と聞かれたことがありました。そのときは「別のお腹のことで、『別』と『腹』がくっつくと『は』が『ば』に変わるんだよ」と説明しました。息子はその時点で、濁点が「糊」のような役目を果たしているというところまでは理解したようです。すると、「じゃあ、なんで靴下は『くつじた』と読まないの？」とさらに疑問をたたみかけてきた。これには答えられませんでした。言われてみればその通りで、なぜ靴下では連濁が起きないのか。その答えはまだ私の中で出ていません。

川原　それは難問です。連濁は古代の日本語まで遡れば規則的なものだったんですが、時代を経るにつれて不規則になっていった。[ii]だから連濁するかどうかは単語によってまちまちです。もともと日本語は「何の何」という表現の「の」の母音が落っこちて、「何『ん』何」となる傾向がある。そして、「ん」の後が濁りやすい性質を持っています。

俵　「神田」がそうですね。「神の田」の「の」が「ん」に変わって、その後の「た」が濁る。

川原　まさにそうです。ですから意味が並列な単語の場合は連濁しない。たとえば「山と川」という意味の「山川《やまかわ》」という複合語は「山」と「川」が並列なので濁りません。でも、「山にある川」という意味なら「やまがわ」と濁る。これは「山の川」がもとにあるからだと考えられる。でも靴下の場合は「靴の下（に履くもの）」です。連濁しても不思議じゃない。同じ「した」でも「舌」の場合は「二枚舌」や「猫舌」みたいに連濁します。「靴」が影響しているのかというと、「靴箱」や「靴底」みたいに連濁する。そう考えると、なんで「靴下」は濁らないんだろう。う〜ん……これは先々の宿題です。

俵　先ほど、先生は古代の日本語にはルールがあったとおっしゃいました。そう考えると、ストッキングが日本に輸入された頃にはもう連濁するかどうかのルールは曖昧になっていて、それぞれの単語次第となっていた。ストッキングを翻訳した人が「くつした」と訳したからその読み方が定着した、という説はどうでしょうか。

あ、でも、だからと言ってなんでそこから「くつじた」のように濁らないまま世の中に浸透していったのかまでは説明できないか。

川原　これはすぐには解決できない問題ですね。この本を読んだ方で、答えを知っている人がいたらぜひ教えていただきたい（笑）。

連濁の世界は奥深いんです。言語学者の中には、研究者人生を懸けて連濁を研究されている方もいる。そんな研究者たちが束になっても、まだまだ全貌が解明されていない。人間は連濁している複合語をひとまとまりの単語として覚えているのか、もしくは俵さんのおっしゃったように、ふたつの単語を合わせる「糊」の役割として濁点をくっつけているのか。これは、「靴下」という単語ひとつを考えているだけでは答えを出すことができない問題です。でも、そんな未解決な疑問があるというのも言語学の魅力です。

短歌の字余りを分析してみる

川原　短歌の中で重要な「字余り」についてもお聞きしたいです。俵さんの歌は字余りの仕方が言語学的にも理にかなっている。私が特に好きなのが、最初に挙げた『今いちばん行きたいところを言ってごらん』行きたいところはあなたのところ」という短歌です。この歌は初句から「今いちばん」と6字で字余りなのに、それをあまり感じさせません。

この短歌を分析すると、まず文字数だけ見るとたしかに「い・ま・い・ち・ば・ん」で字余りになっている。けれども日本人が五・七・五を数えるとき、文字数に近い「拍」という単位だけでなく「音節」でも数えている可能性が高い。[9] そして音節の観点から考えると、この歌は字余りではないんですね。

俵　具体的にどのようなことなのでしょうか。

川原　小さい「っ」や「ん」、「(ア)ー」「(イ)ー」「(ウ)ー」などの前の母音を伸ばす「伸ばし棒」は、前の拍にくっついてひとつの音節を形成します。[10] そう考えると「今いちばん」の「ん」は、「ば」とくっついて一つの音節になる。つまり、音節の観点からは、この句は「い・ま・い・ち・ばん」と5つの音節として解釈できる。すると、音節的には字余りではない。

「言ってごらん」も同じように解釈できます。こちらは純粋に音節で考えると、「いっ・て・ご・らん」と4つになってしまうくらいです。「行きたいところを」も8文字なので字余りに見えますが、最後の「ろを」は実際には「ろー」と発音されるので、音節的には字余りではありません。さらに、「行きたい」の「たい」の部分である[ai]もひとつの音節を形成している。これは対談の冒頭で触れた、息子さんの論文で示されている通り。ですから、「行・き・た・い・と・こ・ろ・は」も音節的には字余りではない。字面だけ見ると字余りが4つも含まれているこの句ですが、音節構造を考慮に入れると、どれも字余りではないんです。

ふたつの拍がひとつの音節にまとまるケースを「重音節」と呼びます。具体的には「っ」「ん」「ー」、それに[ai]のような二重母音が含まれる場合です。そう考えると、この歌はすべての重音節の種類が詰め込まれていて、拍で考えると字余りだけど音節で考えると字余りでない例を網羅している。「いちばん」の「ん」、「行きたいところを」の「ろを（ろー）」、「いって」の小さい「っ」、「たい」の[ai]です。

俵　今のお話を聞いていて思い出したのですが、私の歌に母音の[ai]を連発する作品があります。「食べたいでも痩せたいというコピーあり愛されたいでも愛したくない」（『サラダ記念日』）という歌なんですが、これも「食べたい」の[ai]をひとつの拍と捉えると、「た・べ・た・い・で・も」となって字余りにならない。でも逆に「痩せたいという」という第二句は、「や・せ・た・い・と・い・う」と、「たい」をそれぞれ一文字分として七音にしている。つまり、「食べたい」の「たい」は一拍、「痩せたい」の「たい」は二拍分と、使い分けているんです。うーん、我ながら都合がいい（笑）。でも、私自身は短歌はうっすらと五・

七・五・七・七になっていればいいと思っています。

川原　その「うっすら」という考え方がとても重要です。言語は、そんなに厳密ではっきりと白黒つけられるものじゃない。先ほど「[ai]は二重母音だからひとつの音節にまとまる」と言いましたが、まとまらない場合があってもいい。最近の理論言語学の研究では、言語における音やリズムはカチッとした固体のようなものではなくて、雲のようなゆらぎをもった存在である、と考えられている。[11] ですから、俵さんの「うっすら」という感覚はしっくりきます。五・七・五・七・七という決まりも、そんなカチカチしたものではない。拍を基準にしたり音節を基準にしたりという「揺れ」があって当然なんです。

俵　短歌も厳密に五・七・五・七・七ではなく、場合によって「5.2、4.8」という微妙な語感もあり得る。ふわっと五・七・五・七・七として捉えて違和感がなければ、それでいいのではないかと考えています。

川原　先ほど述べた最先端の理論でも、音が存在するかどうかも1か0にはっきりと区別できるものではない、と考えます。つまり、0.2だけ存在する音や0.8だけ存在する音があると考えられる。これは俵さんの感覚とも一致します。

俵　経験則的にも「ん」や伸ばす音は字余りに感じない。昔、「万智ちゃんを先生と呼ぶ子らがいて神奈川県立橋本高校」（『サラダ記念日』）という歌を詠みました。この「神奈川県立橋本高校」という下句は、実際には「かながわけんりつ」が8文字、「はしもとこうこう」も8文字なんですが、詠んでいて字余りには感じませんでした。

川原　「かながわけんりつ」だと「けん」の部分がひとつの音節になっている。最後の「つ」の母音の[u]は無声化して聞こえなくなってしまいます。だから、「かながわけんりつ」も字余りに聞こえない理由がある。「こうこう」も字にすれば「こう」だけど、実際に発音するときは「こー」になる。そう考えると字余り感のなさが納得できます。

母音の無声化と字余りに関して言えば、前出の「サラダ記念日」も同じことが言えるかもしれない。「七月六日は」という歌は文字数だけで見れば8文字ある。でも、「七月」の「し」の母音が無声化するから七拍分に受け取れて、字余りに感じないのかもしれません。

俵　なるほど！　先生はそう捉えるんですね。実は私の感覚からすると、「六日は」の「かは」が一拍になっているように感じていました。そう考えると、どこを一拍とするかは受け手によって違うのかもしれません。

字余りには興味深い話があります。息子が調べていたんですが、短歌では初句において字余りが多い。次に多いのが下の句の始まりの第四句。次いで上の句の真ん中に当たる第二句です。これはヤツが勘定して調べただけなんですが、経験的には納得できます。実際、私が作る際には初句の字余りはかなり緩やかに許容している。場合によっては五音を七音くらいまで余らせて短歌として成立させることがある。意図的に初句で余らせて、「摑みはオーケー」というインパクトを狙うんです。河野裕子さんの短歌に「たとへば君ガサッと落葉すくふやうに私をさらつて行つてはくれぬか」という作品があるのですが、これは初句が「たとへば君」で、六音です。これは完全に意図的に余らせて、その効果を強調している。

その一方で、結句は余るとみっともなくなる。不自然な歌になってしまいます。だから結句の前、第四句は多少余っていても、最終的に結句でちゃんと着地していると、それなりに成立させられる。

川原 その感覚は、作品を多く作ると、自然に身につくものでしょうか。

俵 そうですね。これは経験知としか言いようがありません。いくつも作っているうちに、初句は字余りでも結構許されるんだな、結句の字余りは座りが悪いんだなというのが身をもって理解できるようになる。

川原 日常的な会話だと、むしろ文末が一番だらしなくなる傾向にあります。[12] 話し言葉では文末がビヨ〜ンと伸びてしまう。声帯振動が続かず、ほとんど聞こえなくなるケースもある。実際の会話では言葉をすべて聞かなくても文意を理解できることもあり、自分の言葉が終わらないうちに、相手が言葉を被せることも多いです。だから、文末ははっきり発音されにくい。その意味で言えば短歌は逆。むしろ結句をバシッと決めるんですから。

俵　短歌はあくまで作品だから、同じ日本語を使っていても日常会話とは違うのかもしれません。

川原　俵さんのお話を聞いていて、言語にはやはり柔軟性があると感じました。私もことばというのは1か0かという極端なものではなく、もっとフレキシブルなものだと捉えています。そういった、言語ののんびりしている側面も魅力だと思っている。そもそも「字余り」という言葉自体がふさわしくないのかもしれない。だって音節で捉えると、本当は余っていないんですから。

句またがりという技法

俵　短歌の技術として、「句またがり」というのがあります。五・七・五・七・七の中で、ある言葉を後ろの句にまたがらせて効果を狙う技法です。

たとえば、私が詠った「寄せ返す波のしぐさの優しさにいつ言われてもいいさようなら」(『サラダ記念日』)という短歌を例にすると、「いつ言われてもいいさようなら」が句またがりに当たります。口語や散文だと、「いつ言われてもいい　さようなら」と読まれる。ところが、「いい」という言葉を意図的に後ろにずらすことで、聴覚上の効果が生まれます。

「いつ言われても　いいさようなら」とすることで「いい」の前に一拍入り、その箇所がより強調される。

川原　日常会話での発音とわざとミスマッチを起こすということですね。「いつ言われてもいい」という並びでは、普通の会話では「いい」が埋もれてしまう。けれど句またがりをすることで新鮮な響きが浮かびあがる。それが歌の余韻に繋がっているのかもしれません。

俵　でも、これも使い所は考えなければいけません。使いすぎるとわざとらしくて、受け取り手も白けてしまいます。ここぞ、というところで使わないと威力も半減します。

川原　日本語の文法をわざと「ねじれ」させるのも、ひとつの表現方法ですよね。俵さんは以前、谷川俊太郎さんの詩集『ベージュ』の「泣きたいと思っている」という詩について語っていらっしゃいました。その詩の中に「木々の影が床に落ちて風に揺れている」という言葉がある。これを真正面から解釈すると、違和感を覚えます。なぜなら風が吹いて揺らしているのは影そのものではないから。でも、この錯覚のようなズレがフックになっている。

俵　現実世界と言葉って、この詩のようにズレることがあります。でも、そのズレを含めて、この一行が詩の世界を表現している。なんでもない一行ですが、谷川さんだからこそできる匠の技です。

日本語の美しさとは

川原　さて、次の話題も俵さんとぜひ話したかったことです。俵さんは長く短歌を詠み続けていますが、その根元には「日本語は美しい」という想いがあると感じられるのですが。

俵　そう思っています。日本語は美しいし、身も蓋もない言い方をすれば、私は単純に言葉が好きなんです。生まれてからこの方、一番接してきたのは日本語ですから。

川原　俵さんは五十音が美しくて、「いろは」がアクロバティックだとおっしゃられています。俵さんが感じる五十音の美しさとは何でしょうか。

俵　五十音表ってありますよね。まず、子供心にあの図が強烈だなと思った記憶があります。だって、ひらがなが驚くほど整然と並んでいるじゃないですか。縦に「あいうえお」があって、横に「あかさたな」が並んでいる。ひとつ下に目をやると、横軸に「いきしちに」が並ぶ。縦と横で文字が碁盤の目のようになっています。

　これは当たり前のように見えるけれども、凄いことなんです。どこかの行は母音が4個や6個であっても不思議じゃないわけですから。でも、母音はどの行も必ず5つ。母音と子音が綺麗に統一されている。ここまで規則的な文字って、外国語でもあまりないのではないでしょうか。そう考えると、五十音図の美しさには恐怖すら覚えます。

川原　たしかに、そういう意味では日本語は経済的な言語と言えるかもしれません。５つの母音に子音を組み合わせるだけで音の体系が完成する。

俵　それは自然とそうなっていたのでしょうか。たとえば「か行」のひらがなが７つあってもいいわけですよね。

川原　「や行」は、「い」段と「え」段が落ちて３つ、「わ行」は「あ」段しかないことを除けば、たしかに整然としている。つまり子音と母音の組み合わせ自体にはあまり制限がないということです。

俵　「し」に点々がついた「じ」と、「ち」に点々がついた「ぢ」、音は一緒だけど字面は二つあるわけです。同じ音ならば不必要だと見なされて消滅してもおかしくない。そう考えると、この場合もどちらかの文字はなくなっていいはずです。ところが、日本人は五十音図の美しさを保つために虫食いにしなかった。そこに意地とこだわりを感じます。

川原　アルファベットだとわざわざ子音と母音の組み合わせを表にしたりしませんからね。子音と母音を体系的にくっつけて、それぞれの音にひとつの文字を付与している。そう考えると、五十音表は美しいです。

五十音の並びにはさらに驚くべき規則性が潜んでいる。[13] 五十音の横の並びに注目してみると「かさたなはま」と「やらわ」で区切れがあるんです（図１－３）。「やらわ」は接近音

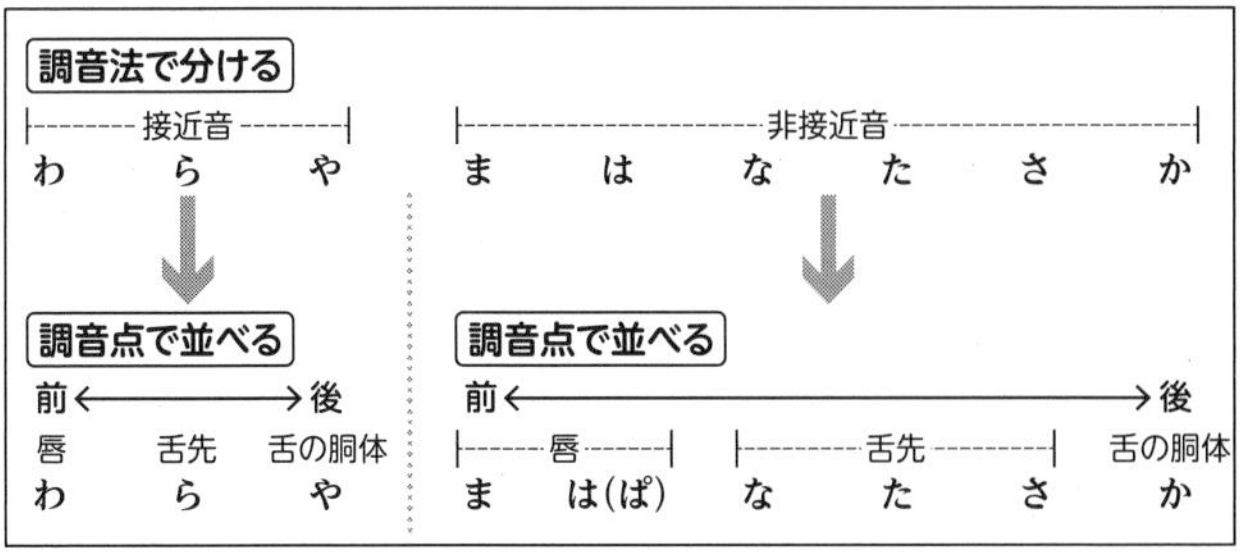

図1-3：五十音表の並びにひそむ規則性

といって、口があまり閉じずに空気がスムーズに流れる音です。音声学的に接近音とそうでないものに分かれている。さらに「やらわ」の内部を見てみると、「や」は舌の胴体を使って発音する、「ら」は舌先で発音する、「わ」は唇を使って発音する。つまり、発音する場所が後ろから前に並んでいます。

同じように、「かさたなはま」も綺麗に並んでいます。「か」は舌の胴体を使って発音する。「さたな」は全部、舌先で出す音です。「はま」に関しては、「は」は昔「ぱ」だった。[14] これは、ひよこが「ピヨピヨ」鳴くことからもわかります。だから五十音表が成立したときには「はま」は「ぱま」と発音されていた。「ぱ」と「ま」は両唇を使う。すると「か」が舌の胴体で発音する音で、「さたな」が舌先で発音する音、さらに「ぱ」と「ま」は両唇を使う音だから、後ろから前に発音する場所が並んでいる。

この五十音表に隠れている規則性は、おそらく、「パーニニ」というサンスクリット語の文法書から来ているんじゃないかと考えられています。その文法書は紀元前五〇〇年頃に書かれたもので、その内容を見てみると、音声学的にも非常にしっかりした体系書です。[15] 人間は太古から、どの子音は口のどこを使って、どのように発声するかを詳細に理解していた。そのパーニニの知見が仏教の経典研究とともに日本に入ってきて、日本語の音をどう整理するかに利用された。五十音図はそういった経緯で作られたのではないかという説もあります。[iii]

俵 そんな大昔の知見から今に通じる五十音表が成立したと考えると、途方もない話ですね。

川原 同じような感覚で、先ほどお話しした「パスポートをぶらさげている俵万智いてもいなくても華北平原」のように[p]、[t]、[k]が並んでいると、私は美しいと感じてしまいます。

美しくない言語なんてない

俵 「日本語は美しい」という文脈で言えば、私はそもそも美しくない言語なんて存在しないと考えています。たとえば、ある特定の言語において「メートル」や「ミリ」などの長さを指し示す単語が少ないとします。でも、それは彼らの生活の中でそこまで長さを厳密に測る必要がないからであって、決して数学的な思考が劣っているということにはならない。

川原　同感です。たとえば日本語も、「論理的な言語ではない」などと言われることがある。学術の世界でも、ドイツ語や英語の方が論理的だから論文を書くのに適しているとか。

俵　言語の比較において、たしかに語彙数の差はあると思います。でも数少ない語彙であっても、その対象をちゃんと表現することはできる。日本語に雨を表現する単語がたくさんあるのは、雨がたくさん降る土地だからでしょう。砂漠に住んでいたらそこまで多くの雨を指し示す言葉は必要ないわけです。語彙の多寡で言葉の優劣はつけられないし、どんな言葉だって美しい。

川原　そうですね。語彙は必要だったら作ればいい訳ですから。たとえば、医者は我々が使わない単語をいっぱい使いますが、それは医学のために必要だから作ったというだけ。でも、医者の使う日本語が普段使いの日本語より優れているとは誰も考えない。

すべての言語は美しいというのは自然な考えだと思います。言語に貴賤があるという捉え方自体、偏狭なものです。現在、言語学にも色々な流派がありますが、すべての言語が同等に尊い、というのはすべての言語学者が共通して持っている認識だと思います。

俵　あと、「汚い言葉って、いったい何?」という違和感もあるんです。たとえば親が子どもを躾ける場面で「そんな汚い言葉を使っちゃ駄目！」と叱るケースが多々あります。でも言葉というのは結局、使いようと使い分けです。どんな綺麗な字面の単語でも、相手を貶《おとし》めたいと思って発された言葉は汚い。逆に心から好きな相手を褒めるときに使う言葉で、汚い言葉なんて存在しません。同じ言葉でも、使う人の気持ちが問題だと思います。

川原　「お前」というのもその類の言葉ですよね。ある文脈で使うと暴力的に聞こえたり失礼に受け止められますが、相手との関係性次第では親愛の情を込めて使う言葉にもなる。

俵　たしかに嫌いな相手から「お前」と言われるとムカッとしますが、恋人から言われると場面によっては嬉しいこともある。「お前」という言葉自体に罪はないんです。

人間にとっての言語コミュニケーションとは

川原　最近、普段使いの会話やありふれた言葉に対しての関心が高まっているように感じるんです。それは多くの人が言語を話せること、言語を通じてコミュニケーションを取ることが当たり前ではないと気づき始めているからではないでしょうか。ことばによるすれ違いが多発しているからこそ、言語とは何かを問い直す人が増えているのだと感じます。

俵　それはインターネットの影響も大きいんでしょうね。ネット上では、言葉だけのやりとりが基本になります。言葉だけを使ってコミュニケーションするというのは、本来的にはすごく技術が必要とされることです。会ったこともない人と言葉だけでコミュニケーションをするのは想像している以上に難しいし、高度な技術が必要です。それなのに、みんな無免許で好き放題に乗り回している印象があります。だから言葉の暴力や行き違い、事故が多発する。

小さいときから顔を見て言葉を投げ合う関係だったら、多少言葉の使い方がうまくなくても「こいつはこういう考えで、こういう文脈で話しているんだ」とわかる。でも、会ったこともない人に唐突な言葉を投げつけられたら、それは怒るし傷つきますよ。本当はこんな時代だからこそ言葉を使う技術を磨かないといけないのに、言葉を使うことが安易に捉えられてしまっている。

川原　俵さんはこの状況を「言葉のインフレ」が起きている、と表現していました。表情やジェスチャーが使えないだけでなく、ネット上では書き言葉が中心になってしまうことにも注意が必要なのかもしれません。

俵　インターネットやSNSの存在のおかげで、言葉を簡単に不特定多数の世界へと発信できてしまう。これも言葉のインフレの一種だと思います。

以前は不特定多数の人に読まれる文章は、新聞記者が書く記事や小説家の作品など限定されていた。それが今では、誰もが自分の書いた文章を顔が見えない相手に発信できてしまう。そういう言葉が巷に溢れているのもインフレと言えます。ちゃんと精査されないままの言葉が氾濫しているのは怖い状況です。本当は今、こんな時代だからこそ私たちは言葉とは何かを立ち止まって考えて、言葉を使う技術を磨かないといけない。

川原 それだけことばを介したトラブルが多いからこそ、「日本語とは何か」「そもそも言語とは何か」という問題に多くの人々が関心を寄せるのでしょう。

俵 だからといって、昔が良かったというのも短絡的な考えです。せっかく便利なものがあるのだから、うまく使って楽しめればと思います。昔は昔で、言葉にまつわる衝突やトラブルはたくさん起きていたはずですから。結局、言葉は関係性と使い方なんです。

川原 言語学者は、人間の言語能力に絶対的な信頼をもっています。それは言語を研究すると、言語がいかに緻密な構造をもっているのかと驚くことの連続だからです。私個人としても、人間の言語能力に対する信頼は今でも揺らいでいません。ですが、何もしないで言語能力が身につくかといえば、そうでもないと感じるようになりました。この危機感は俵さんも推薦する石井光太さんの『ルポ　誰が国語力を殺すのか』（'22年、文藝春秋）に影響を受けているのですが、今、日本語をしっかりと使いこなせていない若者が増えている。種があっても、水や太陽の光や養分がなければ花は咲きません。ですから親としても言語学者としても、短歌のような日本語の養分を子どもたちに提供していきたい。

俵　実は短歌をやりたいという若い人がどんどん増えています。自分の思いを言葉で的確に、端的に発信する。また逆に、相手の伝えたいことを、まちがえずに受け止める。双方にとっていいトレーニングになります。

個人的にも、ここ数年ほど歌舞伎町のホストやアイドルと歌会を開催しています。それほど短歌に興味のある若い人は多い。オープンに申し込めるコンクールにもたくさん作品が寄せられます。ミュージシャンの岡村靖幸《やすゆき》さんが短歌をやってみたいというのでコーチをさせていただいているんですが、岡村さんのファンクラブ限定で短歌を募集してみたんです。そうしたら、二千もの作品が寄せられました。短歌はいい意味でお手軽だし、ハードルが低いのが魅力です。小説は書けないけど短歌なら挑戦してみたい、という方も大勢いるんじゃないかな。読者のみなさんも、ぜひやってみてください。

言語芸術の世界

川原　俵さんと谷川俊太郎さんの対談本『言葉の還る場所で』（'22年、春陽堂書店）の中に「言語芸術」という言葉が出てきました。「言語芸術」というと日常の日本語ではあまり使われない気がしますが、私にとっては重要なキーワードとなっています。短歌の世界では、「言語芸術」という言葉は広く認知されているのでしょうか。

俵　短歌をカテゴライズするときに言語芸術という言葉はあまり使わないかな。でも、短歌は広義の意味で「詩」なんだ、という意識はあります。つまりポエムです。

川原　言語芸術という言葉が何を指すかは人によって幅があると思います。私にとって言語芸術という言葉に含まれるのは、かなり広範な言語活動です。

俵　広い意味でのアートという位置付けでしょうか。

川原　そうですね。その中にはラップや口承、短歌も入ると考えています。厳密に定義しようとすると、「そもそも芸術とは何か」という話になるので、非常に難しいんですが。ただ、言語芸術においては伝える内容だけではなく「伝え方」が同じくらいに大事だ、と言えるかもしれない。[16] 表現方法そのものが大事だということです。同じメッセージでも表現方法そのものに感動できるかどうか、とも言えます。

なぜ私が言語芸術という言葉を日本で広めようとしているかというと、ラップのイメージを変えたいからなんです。私は学生時代から日本語ラップが大好きで、もっと幅広い層に届いて欲しいと思っている。でもラップは世間から「怖いお兄ちゃんたちが喧嘩しているような音楽」と思われている節があります。そのイメージを覆したい。同じことばを使った芸術ですが、短歌はラップの対極のイメージが持たれている印象です。

俵　どのような意味で短歌とラップは対極なのでしょう。

川原　日本語ラップは、少なくとも一般人の視線からは、言語芸術としてはまだ見られていない。一方、短歌は当たり前のようにことばを使った芸術だと認知されています。その意味で対極です。ですが「言葉を使った表現」という意味で両者は共通している。

俵　ラップは詳しくないのですが、息子が大のラップ好きです。息子に勧められるままにラップを聴いてみたら、たしかに面白かった。ラップは短歌と比べると、アクロバティックな言葉の使い方がされています。でも大前提として、ちゃんと伝えたいこと、訴えたいことがあって、自由に言葉を使ってそれを表現している。

川原　ラップはもともと１９７０年代にアメリカで貧困に苦しんでいた黒人たちが生み出したヒップホップ文化の一部です。だから日本人がラップをするということ自体に批判があった、という話をMummy-Dさんも語っています（84ページ）。でも、日本人が日本語でラップをするということにも意味があると思うんです。日本語ラッパーたちは、ラップという世界の中で、日本語を使って何ができるのかを模索しています。

俵　日本語ラップと英語ラップの違いという見方は面白いです。日本語の響きって、英語に比べるとゆったりしていて余裕がある。その日本語の特性を活かしたラップが生まれると素敵だなと思う。「どうや、この技法は英語にはできへんやろ」という表現方法が見つかったら痛快です。英語の得意とするニュアンスに真っ向から日本語で挑むのもいいけど、

「これは英語にはできませんよね」という日本語ラップの表現方法を見つけられたらクールですよね。

川原　日本語ラップが始まった当初は、日本語は韻が聞こえてきにくい言語だと言われていました。母音が5種類しかないから、ひとつだけ一致してもそれは偶然の範囲内。でも、そんな性質を逆手にとって複数の母音を揃える方法が生み出され洗練されていった。

現在のラップでは母音の数を2、3個どころか7、8個も揃えることが当たり前になっています。母音の数でいうとLITTLEというアーティストがすごいんですが、たとえば「LとIとTとTとLとEでオレだ」と「縁のない子にも聞こえるといいね、コレが」で韻を踏んでいます（『Break 3』）。一致している母音は、数え方にもよりますが18個。こんな芸当は、英語では真似できないんじゃないでしょうか。それは単純に英語の単語にはそこまで母音がたくさん含まれていないからです。母音が多いせいでゆったり聞こえる日本語ですが、その性質を逆手にとって、こんなに多くの数の母音を合わせることができる。

俵　母音を揃える快感ってありますよね。最近、息子と一緒に母音を揃えて遊ぶアプリにハマっているんです。たとえば「かなた」という言葉の母音は「a」、「a」、「a」ですよね。それに合わせてこっちが「あさだ」という言葉を回答する。その母音が揃っていると、次の問題へ進める。レベルが上がるほど文字数が増えて、母音を揃えるのが難しくなっていく。母音が揃っている違う単語が見つかると、えも言われぬ気持ちよさを覚えます。

川原　おそらく韻を踏むということ自体に人間にとっての原始的な快感があるのでしょう。

俵　その一方で、先生が「怖いお兄ちゃん」とおっしゃったようにラップは誰かのことを批判する、ディスることが多い印象があります。私は基本的に物事を肯定したい人間なので、そこがどうしても馴染めない。息子にも「あんた、もしラッパーになるんだったら、相手をリスペクトして褒めることしかしないラッパーになりな」と言っているくらいです。お互いが批判し合う、ディスり文化というのはちょっと寂しい。

川原　うーん……。それを言われると辛い。ラップに「ディスり文化」があるのはたしかです。

俵　あれは、いっそ試合だと思えばいいのでしょうか。

川原　そうですね。格闘技の試合みたいなものだと思ってくだされば。ラップは全員が全員ではないですが、楽曲とバトルが分かれてしまっている現状がある。テレビ番組などの影響もあってバトルが一般の方々に認知されるようになったので、誰かと誰かが喧嘩しているイメージが先行してしまっているのかもしれません。しかし、バトルのディスはただ罵りあっているわけではなくて、お互いへのリスペクトがあることが大前提です。

俵　相手をリスペクトした上での悪口であれば、それは豊かな言葉の世界とも言えるかもしれません。詩人の故・川崎洋《ひろし》さんの著書に『かがやく日本語の悪態』（'97年、草思社）という本があって、古今の日本の文学や日常会話まで、ありとあらゆる悪態が収録されている。それを読むと、悪態というのは相手のことをきちんと見ていないと出てこないし、ギリギリのところでリスペクトがないと成立しない。その意味で、悪態は上等な技術だとも思います。

川原　「ディスは愛の形だ」と明言しているラッパーたちもいます。愛がなければ、そもそもディスることすらしない。それにラップというのは元々、暴力を避けるために言葉で相手と決着をつけるためのツールだったんです。

俵　そうですよね。殴り合わないための手段だったわけでしょう。

川原　ラップは元来、アメリカのギャングたちの間で抗争が勃発した際、殺し合いの代わりにダンスや音楽で勝ち負けを決めるために生まれたものです。[17]暴力ではなく、ことばで争いを解決しようという目的のもと生まれた文化。この理解がもっと広まってくれたらと願います。

俵　そう思うと、非常に平和的な手段ですね。やっぱり、「持たざる者」の最後の武器として言葉があるんでしょうね。アメリカのラッパー、エミネムの半生をモデルにした『8 Mile』という映画を観たんですが、彼も言葉ひとつでのし上がっていった人です。何も持たない人間が頼る最後の砦こそが言葉なんだと痛感しました。

何かを始めるとき、大体において特定の道具が必要です。野球ならばバットとボール、それにグローブ。でも言葉は何もいらない。今この瞬間、「無」から始めることができる。以前、「遺伝子がコピーミスしてDANCERがCANCERになる如月の夜」(『アボカドの種』)という歌を詠んだのですが、これは映画『8 Mile』に触発されて作った短歌です。ラップの言葉づかいを聞いて、そういうアクロバティックな韻の踏み方もあるんだと発見がありました。

川原　「DANCERがCANCER」は、もう立派なラップの韻ですよね。ラップの要素を短歌に取り入れられる余地があるということは、両者の間には共通点があるんだと思います。

視覚的になりすぎた日本語

俵　ラップはまず耳から言葉が入ってきますよね。聴覚的に入ってくる言葉の強さって、大事だと思うんです。今、短歌は目で読むことに重心が傾いている。でも短歌は本来的には声に出して、耳で聞かれていたものです。「歌」というくらいですから。文字もない時代から人々は聴覚を頼りに歌を詠み、聴いてきました。

それが今は視覚優先になっている気がしてなりません。作られる歌の内容も、視覚からの情報に根差したものが多い。耳から聞こえる情報を題材にする歌は減っています。読まれ方も朗読ではなく、活字で見られることが増えている。たとえば、ある短歌があって、その文字に記号をつけたり、印刷の際に文字をグネグネと曲げたりする。視覚効果を狙っているんだと思うのですが、私はしたくないです。そんなの耳で聴いたらわからないじゃないですか。もっと感覚的に、耳で聞いて心地よく、体を動かせるような短歌があっていいんです。

川原　先ほども話に出てきた字余りも、文字にばかり頼って短歌を詠んでいると許せなくなってしまうかもしれない。聴覚情報を大事にする、響きを大事にするからこそ、拍や音節という捉え方が活きてくるのでしょう。それに、書き言葉ではイントネーションや微妙な声のニュアンスが全部消えてしまいます。文字に書き写したとたん失われる情報が少なくない、ということも大事なポイントだと思います。先ほど話題になったSNSでの言葉のすれ違いも、この辺に原因の一端があるかもしれません（199〜200ページ）。

制約は創造の母

川原　私は常々、「制約は創造の母である」という言葉を大事にしています。「制約」と聞くと、なんだか窮屈なものと感じてしまうかもしれません。一方で、「自由」と聞くと無条件に素晴らしいと考えてしまう。でも実際は、何かを創造する際、ルールや定型がなければ人は途方に暮れてしまいます。一定の制約があるからこそ人間は芸術を創造することができる。

俵　制約はあった方が便利です。定型と言っても短歌はそんなにがちっとしたものではなく、句またがりや字余りなど融通が利く。元になる型があると作りやすいんです。型があると安心するというか。

川原　「あると安心する」というのはいい言葉ですね。

俵　制約の中で工夫する。無限に何をやってもいいのではなく、制約を「工夫するためのきっかけ」として捉える。日本の文化って型があるものが多いですよね。茶道、花道、剣道、柔道……。日本人は型から入るのが好きなんでしょう。そういうとネガティブに捉える向きもあるけれど、型というのはどうやったら一番効率よくその芸術や分野の良さを引き出せるかという知恵の集積です。

短歌の字余りも、型があるからこそ生まれる表現方法です。それに、型があった方が作る側としても飽きにくいんです。「なんでもあり」は大変だし、正直言って面倒臭い（笑）。定型というのは最終的な作品の形を担保してくれます。短歌も大昔は五・七・五・七・七ではなく、五・七・七・七・七・七だったかもしれない。それが長い時間をかけて今の形に落ち着いた。長い時間をかけて定型が作られていったという事実は伊達じゃありません。まさに、「ちょうどいい」んです。

川原　私も編集者に「題材はなんでもいいし文字数の制限もないから、好きなことを書いてください」と言われたら困ってしまいます。それに学術論文を書くときにも、決まった型があって、その型に則っていないと読んですらもらえない。やはり制約には意味があるし、創造の源なんだと思います。

幼児教育における「ことば」の大切さ

俵　川原先生といえば言語学者としても、子育てに奮闘する父親としても知られています。『音声学者、娘とことばの不思議に飛び込む』も様々な新聞に書評が掲載されて、育児や子供の言語発達のリアルな事情を扱った本として評判でした。

川原　私は今現在も子育てのまっ最中で、父親として人様に何かを語れるほど偉くはないとは思っています。あの本も子育て論として書いたつもりはなかったんですが、予想外なことに子育てをされている方からの反応をたくさんいただきました。

俵　みんな子どもと言葉の関係には興味があるんです。あの本は、子どもの発するユニークな発音を否定したり矯正するのではなく、大事にしていこうという姿勢で貫かれている。子どもの発する言葉を「可愛いもの」として愛でる感覚は、子育てをする上で大切です。

川原 「アンパンマン」を「バッパ」と発音したりするやつですね。川原家は「バッパ」という娘の発音をできるだけ長く死守しました。日本社会はどこか、子育てを急ぎすぎているように感じます。子どもたちを早く大人にさせすぎている。私としては、子どもの頃に子どもらしい時間をたっぷりと過ごさせてあげたいと強く思います。だから言語発達ものんびりでいいんです。急がせて「正しい」発音を子どもに強要しても、あまりいいことはないんじゃないかと。

俵 外国語の早期教育なんて、まさにそうですよね。日本語の基礎が身につく前から英語をはじめとした外国語を学ばせようとしている。その風潮には違和感を覚えます。

多くの親は、早くから外国語を学んだ方がいいと思い込んで英語を勉強させる。でも、まずは日本語をしっかり身につけないと話にならないでしょう。私は以前、「RとL聞き分けられぬ耳でよし日本語をまずおまえに贈る」(『オレがマリオ』)という短歌を詠みました。もともと人間は小さいうちはRとLが聞き分けられるけど、日本語はそのふたつを判別する必要がない。だから次第に聞き分け能力が落ちていくんだといいます。そんなことを言われると親としては不安になるけれど、別にそれでもいいわ、と割り切るのも必要です。

周囲に合わせて、のべつまくなし英語を学習することには共感しません。

川原　子どもは自分が生きている環境で使われている言葉をまず認識する。そして、その言葉を発声するためには唇や舌をどうやって使えばいいのか、もの凄いスピードで学習しています。それを下手に邪魔するのは得策ではない、と思います。それに日本語を効果的に使うためには、どのような音の違いだったら無視してもいいのかを学ぶことも大事です。だからRとLが聞き分けられなくなるというのは、成長の証。日本語ではRとLの区別は大事じゃないと理解した、ということですから。将来、英語ネイティブのレベルで喋ってほしいなら、アメリカに移住すればいい。一番危険なのは、なんとなくの気持ちで早い段階から英語を焦って学習させること。そうすると子どもは混乱するんじゃないか。

俵　そういう意味で大変な時代に入ってきたと思います。「これはうちには必要ない。それよりもずっと大事だと思っていることがある」と親が腹を括らないと、ずるずると流されて本意でないものが生活に入り込んできてしまう。

川原　英語の教材を売りたい側も、煽るような宣伝をするからタチが悪いんです。「早くに英語を始めないと、お子さんの能力はどんどん落ちてしまいます」といった言い方をする。ちゃんとした知識がないと親としては不安になりますよね。でも日本で育っている子どもたちは、まず日本語をしっかり身につけることが大事。その上で、大きくなって英語に興味を持ったら勉強すればいいんです。自分で興味を持ったことなら、大きくなってからだってちゃんと身につきます。私もそうだったし、研究者は大抵そうです。

こんなに面白い幼児語の世界

川原　そんな大人の事情はある一方で、幼児語の世界はこちらが驚くほどに豊かで発見に満ち溢れています。幼児語の大きな特徴のひとつとして、先ほども少し話題にあがった「くり返し言葉」が挙げられます。これは先ほど短歌の話でも出てきたリフレインと非常に似ている。子どもにとってくり返し言葉というのは、物事を認識する上でとても重要です。

俵　「ワンワン」とか「ブーブー」がそうですね。

川原　ワンワンとは、もちろん犬のことを指します。大人が使っている「犬」という言葉は、その対象としている動物の特徴とは関係がない。これを音と意味が「恣意的」に結びついているといいます。でも、赤ん坊が初めに学ぶ語彙を見てみると、その名前と対象の特徴には体系的な繋がりがあることがわかってきました。[18] ワンワンと鳴く動物だから、ワンワン。これは理にかなっている言語戦略です。赤ん坊にとって、まずは単語を身につけて使えるようにならないといけない。でも、赤ちゃんは何に対してどんな名前がついているかまったくわからない状態でスタートするわけで、そんな赤ちゃんには、音と対象の特徴が繋がった単語の方が習得しやすいんです。

ただ、音と意味の繋がりだけを重視していたら、現実的に使える語彙が限定されてしまいます。音の数には限りがありますから、せいぜい数十個の単語に限られてしまうでしょう。それに「正義」や「愛」のような抽象的な概念は、そもそも音の響きだけで表すことも難しい。だから大人の語彙では、音と意味の繋がりは基本的に恣意的です。

そういう意味では、ことばは二層構造になっていて、まずは音と意味の繋がりが強い基本語彙を覚えてから、音と意味の繋がりが薄い大人の語彙を覚えていく。こうやって考えると、言語というのはうまくできていますよね。

俵　子育てをしている方の中には、「ワンワン」と教えると「犬」という単語を覚える時期が遅れるという意見もありますが、その心配は必要ないんですね。

川原　成長していけば自然と「犬」という単語も覚えられます。それよりも、「ワンワン」と「犬」をちゃんと両方使ってあげる。そうすると子どもも、どの場面で「ワンワン」を使うべきで、どの場面で「犬」を使うべきかが理解できるようになる。下の娘は4歳ですが、自分より小さい子どもには「ワンワン」、大人と話すときは「犬」という風に使い分けています。そういう能力を発達させる機会を奪ってしまってはいけない。

俵　そうですよね。ワンワン鳴くからワンワン、ちゅるちゅる吸うからちゅるちゅる。それでいいじゃないですか。なぜちゅるちゅるという言葉の正体を「麺」というのか、それを大人が説明できないのに「とにかくこれは麺というんだ」と教え込む。親が説明できないことを「これはそういうものだから」と早々に子どもに押し付けなくてもいいんですよね。

川原　くり返し語の他にも、「声の高低」も大事な要素です。一般的に、親が赤ん坊に向かって発する言葉は音程が高くなります。[19]親でなくても、赤ん坊には、つい高い声で話しかけてしまいますよね。実はこれにも根拠があります。

動物の習性として、声を高くする振る舞いは、赤ん坊に対して「怖くないよ、私はあなたの敵じゃないよ」というメッセージを伝えることを意味しています。[20]高い声というのは、基本的に身体の小さい動物が発するものです。つまり、高い声を使うことで、自分も赤ん坊と同じくらい身体が小さい生き物なんだよ、君の仲間なんだよと暗に伝えている。逆に言えば、赤ん坊にとって低い声は恐怖の対象です。低音というのは体の大きい動物が発する音で、自然界では危険が迫っていることを意味するからです。

俵　私の母は言葉にうるさくて、小さい頃から言葉遣いは厳しく躾けられました。その母が私の息子に会うときには豹変して、普段からは想像もつかない高い声で「でちゅよ〜」という赤ちゃん言葉を連発していました。その様を客観的にみると引いてしまうんですが、そうか、それは生物学的に理由のあることだったのか。

川原　「ですよ」が「でちゅよ」になると、とある高い周波数成分が共鳴するんです。だから、これも幼児に話しかける戦略としては理にかなっています。

俵　子どもが発する言葉を観察していると、大人になってしまった私には思いつかないような日本語の使い方をしていることがよくある。それは歌人として、最高に面白いです。たとえば私の息子は、怪我をして血が出たときに「血がが出た」と言っていました。あと、「蚊にに刺された」という表現もそう。これは、親が「蚊に刺された！」と言うと、子どもは「かに」という何かがいると勘違いしてしまうから。だから、自分が使うときは「かにに刺された」と使ってしまう。初めに耳にしたときはなんだろうと思ったけれど、よくよく考えてみれば子どもなりの理屈がある。

川原　子どもは、日本語は短くても二拍分はあるだろうという「期待」を持っているんです。[21]それは日本語の基本単位が二拍だから。日本語のほとんどの語彙が最低で二拍ですし、「血」や「蚊」のような一拍の単語も、助詞なしで文中に現れるときには「ちぃ出ちゃった」と伸ばして発音される。[22]だから親が「血が出た」と言ったら「ちが」でひとつの単語だと思う。それに「が」をつけて「血がが出た」の完成。親が「蚊に刺された」と言っているのを聞けば、「か」だけでは日本語の単語としては短すぎると認識するから、「かに」というものがいるんだと推測する。実際に、こういう「勘違い」は「血」とか「蚊」といった一拍の単語に起こりやすい。つまり、これも根拠のあることなんです。

俵　それに、子育てをしていると絵本の読み聞かせがいかに大事かを実感します。「あぁ、絵本ってこんな面白いもんやったんや」という発見がある。

川原　絵本の読み聞かせは私も子育ての中で大事さを痛感しました。

俵　日本人は真面目だから、「正しさ」を求めがちです。育児の正解、読み聞かせの正解。でも、そんなものはありません。絵本の読み聞かせも、私はいい加減です。途中で勝手にストーリーを創作したり、脱線したり。子どもが理解しにくいところは噛み砕いて、好きなところでは大袈裟に声を出す。どんどん改変してしまいます。

川原　それ、私もやります。

俵　でも子どもも大きくなってくると、「もしかしてお母さんは絵本に書いてないことを勝手に喋っているんじゃないか」と疑いの目を向けてくる。本当に絵本に書いてあることを読んでくれているのか、自分で確かめなきゃいけないという思いに駆られるみたいです。その結果、一生懸命に文字を覚えて、自分で文を読むモチベーションが上がる。好き勝手に読み聞かせをしていたおかげで、思いがけない効果までありました。子どもは自分の力で理解したがるし、知りたがる。親が楽しそうに絵本を読み聞かせていると、「俺も読みたい」と自然に思うものなのでしょう。

川原　私の妻が似たようなことを言っていました。私の妻も言語学者で、英語の早期教育に反対の立場を取っているのですが、この間「英語だけじゃなくて、ひらがなも無理して早く覚えさせなくてもいいんじゃないか」と話していました。子どもが絵本を勝手に読んでくれれば親としては楽ですが、ひらがなが読めない状態で読み聞かせを聞いているときって「この文字はどういう音なんだろう」と想像力を膨らませる時期なんですよね。それに絵本の絵にしっかり集中できるっていう利点もある。そういう意味でも、「読めない」という時期を大切にすることも大事なのかもしれません。

　それから、絵本の改変についてですが、うちの娘たちは好きな絵本の内容は覚えてしまうので、私が勝手に改変すると「違うでしょ！」と楽しそうに直してきます。読んでる方も聞いている側もその方が楽しい。そもそも正しい朗読なんてないですよね。

俵　親は正しさなんかにこだわる必要はないと思います。たとえば地方に住んでいる女性の知り合いが、「私は普段方言で喋っていて標準語が下手だから、アナウンサーが読んでいるCDを読み聞かせに使っている」と言っていたんです。

川原　ええっ、そんな話が……。

俵　それはあまりにもったいない話です。だって読み聞かせの途中で子どもが疑問を抱いて質問をしたくても、CDだとそのまま通り過ぎてしまう。母親がそばで読んであげれば子どもがわからないところはその都度立ち止まれるし、好きなところは一緒に笑い合える。その経験の方が、人間教育として最高に贅沢だと思います。

川原　「体験の共有」というのは発達にとっての鍵になります。発達心理学の分野では「共同注意」と呼ぶのですが、親と子どもが同じものを見て、同じものについて語る。そんな体験が発達に決定的に重要だということを、共同研究者が熱く語っていました。[23]それにテレビの音声を聞かせていても、実際のやり取りが伴わなければ、赤ちゃんはことばを学ばないという研究結果もあります。[24]だから、親が直接的な語りかけの機会を犠牲にするのは非常にもったいない。

それに、方言をコンプレックスに感じるのは悲しいことです。方言が劣ったものだという考えは間違っている。言語学的に見ても、いわゆる共通語が優っているという根拠はないんです。方言に対して恥じる必要なんて何一つありません。これは明治維新の時に、政府が周りの列強に対抗するために、日本が一丸となるために行った方言禁止政策の歴史的な残滓《ざんし》だと思います。だから、今の時代に方言を低くみるという価値観はそぐわないのではないかと感じています。その点では、日本人の意識は遅れている。

たとえばアメリカでは地方によって色々な方言が話されているし、黒人の英語やスペイン系の人々が話す英語など、色々な英語がある。それぞれの地方に行けば、それぞれの方言を堂々と喋っています。そもそも「国語」、つまり国の言葉、という言い方をしないんです。穿った見方ではありますが、そもそも国語ってある種の政治性を帯びるので、あまり好ましい言葉ではない。「日本語」でいいじゃないかと思います。

俵　今、方言の話し手がどんどんいなくなっている。それは残念です。みんな子どもの頃からテレビやYouTubeを見て、言語の平均化が進んでいるのでしょうね。

子どもたちのことばと心が空洞化している

川原　子どもたちとことばをめぐる問題として、いわゆる国語力の低下についてもお聞きしたいです。俵さんは'22年に前出の石井光太さんと対談をされています。これは先ほども話に出た『ルポ　誰が国語力を殺すのか』の刊行を受けてのものでした。この対談では、まさに日本の子どもたちの国語力の低下がテーマになっている。

俵　石井さんと対談した時は、今の日本の子どもたちの国語力の低さに暗澹たる気持ちになりました。このような言い方はしたくないのですが、現代の子どもたちは想像以上に自分の気持ちを表現する「言葉」を持っていない。

川原　私も石井さんの著書や対談を読んで衝撃を受けました。言語に対しての感性や表現力に関しては、もっと社会全体で底上げを考えていかないといけないと感じます。

俵　石井さんがおっしゃっているのは、人の心の中が覗けるとして、その心の中に「うざっ」とか「きもっ」という短絡的な言葉しか存在しない子どもが多くいるのではないか、ということでした。何かを感じているんだけど、その気持ちに適切な名前を付けられない。感情を表現するためにオノマトペや「ギャー！」という叫び声を上げる。これはまだ健全なんです。怖いのは、「心の空洞」。何を見ても何も感じない。「うざい」とか「キモい」という言葉で様々なことを切り捨ててしまう。その空洞にこそ目を向けるべきです。

ある特定の言葉を知っているというのは、それに対応する感情があるのを知っているということにも繋がります。でも、そもそもの感情がなければ、対応する言葉も存在しなくなる。今、多くの子どもたちは自分自身の中に持ちうる感情のバリエーションが少なくなってしまっている。だからそれに対応する言葉を使うことができなくなっているんです。

川原　俵さんの短歌に「イチゴという言葉知らねどこの赤くあまずっぱいもの子は好きになる」（『プーさんの鼻』）という作品がありますが、言葉を知る前の生の体験や感動が伝わってきます。言語化される以前の体験があって、それはそれで非常に素晴らしいものだと思う。つまり、言語化される前の体験自体は否定されるべきじゃない。

同じように、「やばい」という言葉を使うこと自体は問題ではないと思います。むしろ

「やばい」には複数の意味があり、それぞれ適切な文脈があることを理解できているかが重要だと感じます。先ほどの「ワンワン」と「犬」の使い分けと同じように、要は使い分けの問題です。

俵　そうですね。「やばい」という言葉をいろんな文脈で使えるというのは、むしろ豊かなことです。だって、複雑な語彙じゃなくてシンプルな言葉の方がかえって思いがダイレクトに伝わることがあるから。すごく美味しい料理を前にして「この料理は芳醇な香りがしますね」などとクドクド言葉を弄するより、「なにこれ、ヤバい！」と言った方が気持ちが伝わりますもんね。

川原　まさに「生の体験と感動」です。違った場面で、どれだけ違う言葉を選ぶことができるか。自分の気持ちを説明できる手駒としての語彙力は、なるべくたくさん持っていた方がいいと思います。とはいえ、親御さんたちもそれを真剣に受け止め過ぎて「お勉強」に走ってしまうのは逆効果です。そうではなく、もっとお子さんたちと気楽に日本語と戯れてほしい。だってことばは遊んでいるだけで楽しいですから。日本語ってこんな遊び方があるんだよと子どもたちに積極的に教えてあげたい。人間、楽しみながら学ぶのが一番です。

俵　言葉は使えば使うほど、自分の中でレパートリーが増えていく。遊ぼうと思えば、無限に遊ぶことができる。息子とも「しりとり」は飽きるほどやりました。しりとりに挙げていい言葉を特定のジャンルに限定するとか、文字数を限定するとか。ルールを定めればいくらでも遊ぶことができる。子どもは子どもで、とにかく大人を負かしたい。だから、しりとりで自分が有利になるために日々言葉をコレクションしてくる。子どもはゲームが好きですから。そういう遊びこそがその人の日本語の力を豊かにします。

それに子どもは手持ちの言葉が少ないから、必死で知っている言葉を組み合わせて何かを伝えようとする。その姿も愛おしいんです。私は子育て中、息子を抱っこばかりして、おんぶは滅多にしなかった。でも、いとこがおんぶされているのを見て羨ましくなったのか、「お母さん、背中で抱っこして」と言ってきたことがありました。手持ちの言葉が少ないなりに、気持ちは伝えられる。しかもその表現が大人からしたら新鮮で、ハッとさせられます。

川原　たしかに子どもの創造力には驚嘆させられます。言語学者として子育てに参加していることの一番のご褒美は、こういった子どもの創造力を生で味わって、子どもたちへの尊敬が増したことでしょうか。子どもたちってすごいんだな、大人ができることができない劣った存在なんかでは決してないんだな。そんな気づきがありました。

ことばは親が与えられる最高のプレゼント

俵　空洞化の話のように、今は言葉がネガティブな方向で語られることが多い。言葉が人を傷つける側面ばかり強調されるし、現にそういう場面は多いと感じます。でも、使い方によっては言葉ほど素敵なものはない。お金もかからないし。それで人と繋がれたり、心を動かせるんだから。

親の立場からしても、言葉こそが子どもに贈ってあげられる一番のプレゼントだと思うんです。言葉が使えるというのは生きる力に直結します。モノをあげても、それはいつかなくなってしまう。でも言葉はなくならない。生きる力に直結するのが言葉だと思います。

川原　同感です。ただ、実際の子育ての現場でそう思っている親は少数派なんじゃないか、とも感じます。「英語を学ばせて国際人を育てましょう」というメディアの煽りもあるし、お受験のために小さい頃から英語を勉強させようという教育産業の煽りもある。日本語を喋れるのが当たり前だと捉えられ過ぎているのかもしれません。

俵　日本で生まれ育ったから日本語を喋れるのは当たり前で、そんなことに時間を使う必要はないと言われがちだけど、それは違います。だって算数でも何でも、頭の中では日本語で思考するんだから。物事を考える土台でもあり、根っこである日本語がきちんとしていないと危ないですよ。自分をありのまま表現できる言葉を使って、他人と関係を築いていけるって大事です。

私は基本的に、生きることは最高だと思っている人間です。その喜びを、言葉を使って表現したい。子育てをしているときだって、子どもは想像以上に瑞々しい言葉を投げかけてくれます。たとえば、急に寒くなった季節に子どもが「お母さん　今日はボールが冷たいね」という。秋という言葉を知らなくても、敏感に四季の移ろいを感じている。その感性に触れた瞬間はやはり感動します。

川原　ことばがすべての学びの根本であるというのは、おっしゃる通りだと思います。算数も理科も社会もことばがなければ理解できません。ことばというのは毎日当たり前のように使っているものだから、意識する人の方が少数派かもしれません。でも、人間を根本的なところで他の動物と区別する性質は、ことばを持つかどうかだと思います。そして、そのことばを基盤にして、人は他者との関係をつむぐ。現代社会は変に「個」を重視することばかりに気がいってしまって、他者との関係がないがしろにされているのではないか、とも思います。でも、人間は「社会的動物」です。他者との関係なしに生きていくことはできない。人間の幸せは、他者との関わりあってこそです。そんな関係の基盤になるものが、ことばなのですから、もっとことばが大事にされる世の中になってほしいです。

註釈

i　ＩＰＡでは、「しゃ」の子音と「ふ」の子音はそれぞれ［ɕ］、［Φ］と表記しますが、本書では読みやすさを優先してローマ字に近い表記を採用しました。

ii　連濁の諸相や研究の歴史に関しては、Vance, T.（2022）Irregular Phonological Marking of Japanese Compounds. Mouton de Gruyter で詳しく論じられています。以下の連濁に関する議論に興味がある方は、同書をご参照ください。

iii　これは多少簡略化した説明で、五十音表の並びも歴史的に変化して現在の形になったと考えられます。詳しくは、坂田貞二（１９９１）「天竺のことば、日本の五十音」日本音響学会誌 47：５８８－５９５をご参照ください。

参考文献

1　Katayama, M.（1998）Optimality Theory and Japanese Loanword Phonology. Doctoral Dissertation, UC Santa Cruz.

2　鈴木孝夫（１９６２）「音韻交替と意義分化の関係について」言語研究 42：23－30.

3　川原繁人（２０２２）『フリースタイル言語学』大和書房

4　プラトン『クラテュロス』プラトン全集〈２〉（１９７４）岩波書店

5　Kawahara, S. et al.（2020）Do sibilants fly? Evidence from a sound symbolic pattern in Pokémon names. Open Linguistics 6: 386-400.

6　Topolinski, S. et al.（2015）What's in and what's out in branding? A novel articulation effect for brand

names. Frontiers in Psychology 6: 585.
7 D'Onofrio, A.（2014）Phonetic detail and dimensionality in sound-shape correspondences: Refining the bouba-kiki paradigm. Language and Speech 57: 367-393.
8 Ota, M. & B. Skarabela（2018）Reduplication facilitates early word segmentation. Journal of Child Language 45: 204-218.
9 田中真一（２００８）『リズム・アクセントの「ゆれ」と音韻・形態構造』くろしお出版
10 Kawahara, S.（2016）Japanese has syllables: A reply to Labrune（2012）. Phonology 33: 169-194.
11 Smolensky, P. & M. Goldrick.（2016）Gradient symbolic representations in grammar. Manvscript.
12 Edwards, J. et al.（1991）The articulatory kinematics of final lengthening. JASA 89: 369-382.
13 上村幸雄（１９８９）五十音図の音声学『講座　日本語と日本語教育　２』明治書院 .pp. 41-63.
14 上田万年（１８９８）Ｐ音考『帝国文学』４巻１号.
15 Kiparsky, P.（2022）Pāṇini. In Handbook of the History of Phonology. Oxford University Press. pp. 38-63.
16 Fabb, N.（1997）Linguistics and Literature. John Wiley & Sons.
17 宇多丸ほか（２０１８）『ライムスター宇多丸の「ラップ史」入門』ＮＨＫ出版
18 Perry, L. et al.（2018）Iconicity in the speech of children and adults. Developmental Science 21: e12572.
19 Igarashi, Y. et al.（2013）Phonological theory informs the analysis of intonational exaggeration in Japanese infant-directed speech. JASA 134: 1283-1294.
20 Ohala, J.（1983）Cross-language use of pitch: An ethological view. Phonetica 40: 1-18.
21 Ota, M.（2015）L1 phonology. In Handbook of Japanese Phonetics and Phonology. Mouton de Gruyter.

pp. 681-717.
22 Braver, A. & S. Kawahara (2016) Incomplete neutralization in Japanese monomoraic lengthening. Proceedings of Phonology 2014. Linguistic Society of America
23 Mundy, P. & L. Newell (2009) Attention, joint attention, and social cognition. Current Directions in Psychological Science 16: 269-274.
24 Kuhl, P. (2007) Is speech learning 'gated' by the social brain? Developmental Science 10: 110-120.

第2章　日本語ラップと言葉の芸術

Mummy-D《まみーでぃー》

ラッパー、１９７０年生まれ。早稲田大学政治経済学部在学中にヒップホップグループ Rhymester を結成。１９９３年にアルバム『俺に言わせりゃ』でデビュー以来、30年以上にわたって第一線で活躍を続ける。現在は東京藝術大学美術学部デザイン科にて「映像論」の講師も務める。

言語学者とラッパーの出会い

川原　Mummy-Dさんは'89年、「早稲田大学ソウルミュージック研究会ギャラクシー」で盟友・宇多丸さん・DJ JINさんと出会ってヒップホップグループRhymesterを結成、以来日本のヒップホップ界で第一線を走り続けてきました。ヒップホップ以外の分野の方々との楽曲も多く制作されています。

私は2000年頃から日本語ラップを本格的に聴きだしました。当時はまだ大学生だったんですが、このジャンルにのめり込むうちに、もしかしたら日本語ラップを言語学的に分析したら面白いんじゃないかと考えるようになりました。その後もアメリカで大学院生として過ごしていた間は日本語が恋しくて、ずっと日本語ラップを聴いていた。そのうち、好きな思いが高じて実際に日本語ラップを分析し始めました。

アメリカの大学院は世界中から優秀な頭脳が集まっていて、当時は自分の個性を発揮するためにはどうしたらいいのか悩んでいたんです。数学を自由自在に操れる学生や多数の言語に精通している学生、現地に赴いて調査をし、自分だけしか持っていない言語データを分析している学生。そんな研究者たちに囲まれて自信を持てずにいました。そんなとき「日本語ラップの分析だったら自分にしかできないいんじゃないか」と思い立ったんです。結局、その分析は学術雑誌に掲載されて博士論文の一部になり、ついには日本語ラップの言語学的分析をテーマにした本まで出版しました。[1] 日本語ラップに人生を救ってもらったし、日本語ラップがなければ今の学者としての私はないといっても過言ではありません。そんな私の人生の中でRhymesterやMummy-Dさんの曲はたくさん聴いてきました。私が日本語ラップでもっとも言語学的に美しい韻だと思っているのはDさんの韻なんです。

Mummy-D（以下、M）　それは嬉しいです。でも、実際に川原先生と知りあったのは最近のことだよね。

川原　そうなんです。大和書房から'22年に出版された『フリースタイル言語学』の出版記念として、6月にZeebraさんがMCのラジオ『WREP』に呼んで頂きました。

M　あれは「第三研究室」という、いつもは俺とZeebraが他の人のラップを分析するというコーナーだった。でも、あの日はなぜか立場が逆になって、川原先生が自分のラップ分析を披露するというマニアックな回になってしまった。

川原　今回もお話ししたいテーマを色々と用意してきました。まずは手始めに「日本語はラップに向かない」という説をどう捉えているのかお聞きしたいです。Dさんが活動を開始された'80年代、アメリカで始まったラップという音楽を日本語でやってみようという試みが始まったときから、日本語とラップ、特にラップに必要不可欠な韻との相性の悪さが指摘されてきました。これは多くのラッパーたちが証言していることですが、私がラップにはまりだした2000年あたりも、インターネット上で「日本語はラップに向かない」とか「日本語ラップはダサい」といった意見が多く見受けられました。

M ええ、本当に。

川原 '80年代にラップを始めたとき、日本のヒップホップの環境はどのようなものだったのでしょう。

M '60年代後半、細野晴臣《ほそのはるおみ》さんや大瀧詠一《おおたきえいいち》さんが結成したバンド「はっぴいえんど」も日本語でロックをしようとしたとき、「日本語でロックなんてできるはずがない」と批判を浴びました。それは日本語ラップもまったく同じだった。お前たちにそんなことができるはずがないと言ってくる人がたくさんいたし、そもそも日本語はラップに向いていないという批判も受けた。裕福な日本人がカウンターカルチャーでもあるヒップホップをやるのは現実味がないと言う人もいたな。

川原 ヒップホップは、もともと'70年代にアメリカのブロンクスの貧民街で、当時のアメリカの社会的・政治的制度への反発を内包した文化として生まれました。[2] 入場料の高いクラブやディスコに行くお金がない黒人たちが公園や空き部屋などで自分たちで音楽を流して踊って楽しんでいた。そうしていくうちに音楽の踊りやすい部分をくり返しかけて、みんなを楽しませるＤＪが生まれた。みんなが踊ったり絵を描いたりしてパーティーをやっていた。そんなパーティーの盛り上げ役としてラッパーも生まれました。

そうしているうちに、諍《いさか》い事をダンスやラップの勝負で解決すれば実際の暴力を避けることができるかもしれない、ということになった。当時のブロンクスではギャングたちの抗争も絶えず、暴力沙汰も日常茶飯事でしたから。これらの活動がアフリカ・バンバータというＤＪによって「ヒップホップ」という名のもとに統合されました。ラップはそんな社会的な抑圧を受けてきた黒人たちが生み出した文化の一部だから、裕福な日本人がそれを真似ても仕方がない、ということでしょうか。

様々な角度からの批判があったと思いますが、言語学者である私としては、「日本語はラップに向いていない」という言説の詳細に興味があります。

M　その批判を冷静に受け止めてみると、日本語がラップに向いていないという意見はたしかに一理あるんです。個人的にも日本語はラップと馴染まないと思っていた。英語の文化として生まれたラップをそのまま日本語に移植しようとしても、それは無理でした。言語的な性格からいえば、日本語がラップに向いているかという問いについては、いまだに胸を張って「イエス」とは答えられない。

日本語は音符を「食って」しまう

川原　なぜ日本語がラップに向いていないと言われたのかを言語学の観点から明確にしていきましょう。日本語の特徴として、基本的に子音のあとには母音が続きます。「卵」だったら[tamago]で、[t]、[m]、[g]の子音のあとに[a]、[a]、[o]と必ず母音がくる。母音があとに続かなくてよい子音は日本語では「ん」だけです。英語では子音と子音の連続が許されるので、そう考えると日本語は英語に比べて頻繁に母音が出てくる言語と考えられます。世界にはたくさんの言語が存在していて、ハワイ語のように日本語と似たような特徴を持った言語もあるので日本語が際立って特殊というわけでもないのですが、少なくとも英語と比較すると、この点は明白です。そして、ひとつの母音をひとつの音符に割り当てていくと、日本語の単語を発するだけでたくさんの音符が必要になる。

M　そう。必要以上に音符を「食って」しまう。

川原　英語で「Christmas」と発音すると、音節はChristとmasの2つだけ。1音符に1つの音節をあてると音符は2つですみます。ところが日本語の音節構造を考えると「ク・リ・ス・マ・ス」と5つの音節がある。すると音符を5つも使うことになります。ひとつの単語を発するために多くの音符を消費するということは、全体として歌詞に込められるメッセージの量も少なくなってしまう。先ほど日本語はロックにも向いていないと言われたことを考えると、日本語はラップに向かないと言われたのは、このような日本語の言語としての性質に一端があったからでしょうか。

M　それはあります。今、先生が英語のChristmasは2音節だと説明してくれたけど、ラップを始めた当時、最初にぶつかったのはまさに日本語と音節の関係だった。よく例として出すのは、ラップでよく使う「俺の名前は」というフレーズ。日本語で分解すると「お・れ・の・な・ま・え・は」と7つの音節になる。その一方、英語では「my name is」。たった3音節で済んでしまう。同じ音符の中に込められるメッセージの量という観点からは、日本語の方が英語に比べて圧倒的に不利なんです。

破裂音を使ってパーカッシブな響きを

川原　日本語は英語と比べて、同じ内容を伝えるために多くの音符数を使わないといけない、ということですね。日本語は何かを伝えようとすると、とにかく音符を食ってしまう。

M　メッセージ量の問題だけじゃない。必ず子音に母音がくっつくせいで、聴覚上ふにゃふにゃしてしまう。英語は子音を重ねる単語も多く、破裂をともなう音も多い。そもそもラップはパーカッシブな、打楽器的な表現。だからラップを歌うときには常に勢いのある破裂音で、マシンガンのように響きの硬い音を出したい。「ダダダダダダ！」というイメージ。ところがそこに「あ」や「い」などの母音が1音1音、音符を食いながら入ってくると、「タタータタター」のように音が間延びしてしまう。まるでタガの緩んだ太鼓のような。だから一聴して英語よりも柔らかい、ふにゃふにゃした印象を持たれてしまう。このような特徴をもった日本語でどうやってラップの響きを表現するのか、という問題がありました。

川原　その感覚は音声学的にも納得がいきます。音声学では音を阻害音と共鳴音という2種類に分類します。「破裂をともなう音」は阻害音の代表で、文字通り「破裂音」と呼ばれます。実際の例で言えば[p]、[t]、[k]、[b]、[d]、[g]ですね。これらの音を発音するときには、口の中が一回完全に閉じます。すると空気が肺から口の中に流れこんできて、気圧が上がる。口の閉じが開放されると破裂が起こるので破裂音と呼ぶ。これらの音は、まさに「パーカッシブ」な響きを持っている。そんな破裂音の対極にあるのが母音で、空気が非常にスムーズに流れるので口の中ではっきりとした共鳴が起こります。ですから、母音は典型的な共鳴音です。

そして阻害音は「かたい」や「とがった」、逆に共鳴音は「やわらかい」や「丸い」というイメージを喚起することが知られています。心理学の実験で、[takete]と[maluma]という実際には存在しない単語の印象を比較する調査があります。実験参加者にどちらがや

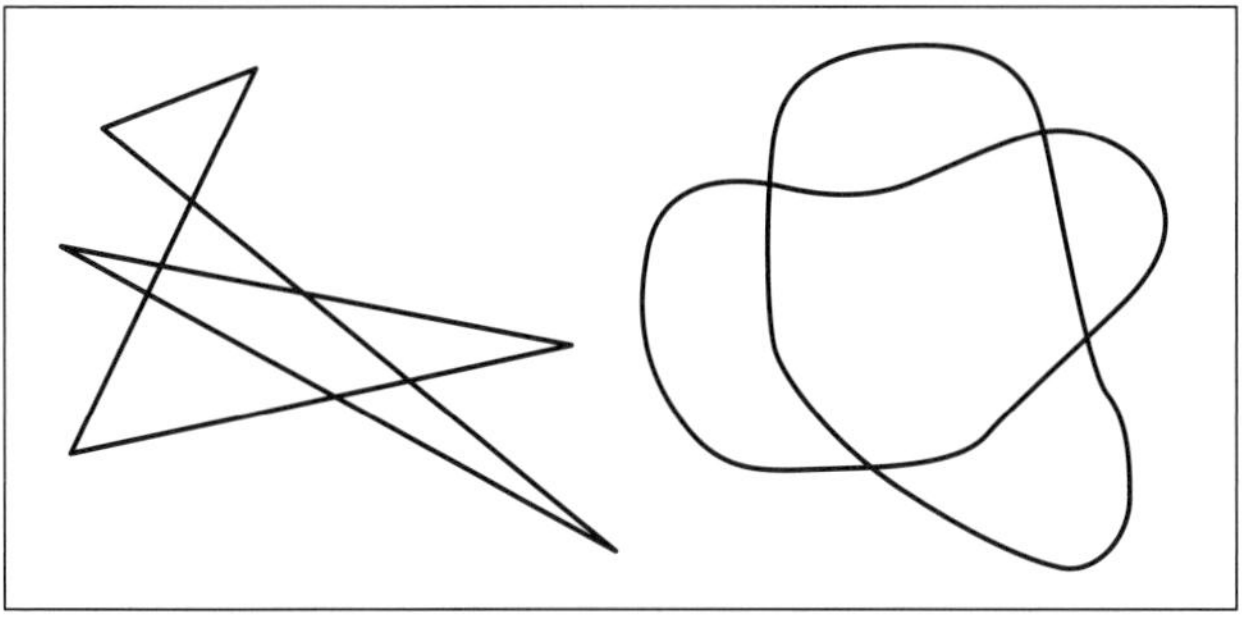

図2-1：ふたつの図形。どっちが[takete]でどっちが[maluma]か[4]

わらかい印象を受けるかと聞くと、［maluma］だと答える人が大多数なんです。[3] これは［takete］の子音がすべて破裂音、つまり阻害音で、［maluma］の子音がすべて共鳴音だから、と考えられます。［l］や［m］のような子音も母音と同じく共鳴音です。破裂音は「とがったイメージ」、共鳴音は「柔らかいイメージ」を喚起することも多くの研究からわかっている。図2-1の2つの単語と形を見て、どのように感じますか？　名前を付けるとしたら、どっちが［takete］でどっちが［maluma］でしょうか？

M　迷うことなく、左が［takete］で右が［maluma］だと思います。［takete］の方がカクカクして硬いイメージが湧くし、［maluma］は柔らかい印象を受ける。これはどこの国の人でもそう受け取るんじゃないかな。

川原　まさにその通りで、このふたつの単語を使って様々な言語の母語話者を対象に実験がおこなわれてきました。すると大半の人たちが国、文化、言語を超えて同じような印象を持つ。多少の例外も報告されていますが、これは広く人間に共有されている感覚のようです。

これは、音の音響的な形を見ると納得できます。波形といって、それぞれの音によってどのような圧力変化が生じるかを計測すると、阻害音は比較的カクカクしていて、共鳴音は丸みがかった形をしている（図2－2）。この音響的な形が、我々が音に対して感じるイメージの原因になっているかもしれない。だとしたらこれが人類共通の感覚だとしても、おかしくはない。波形は物理的なものだから、文化や言語に関係なく成り立ちます。

今のお話を考えると、Mummy-Dさんも「破裂音は硬質」で「共鳴音は柔らかい」という感覚をもとにして歌詞づくりをしているんでしょうか。

M　破裂音、共鳴音という視点で歌詞を書いているわけではないけど、音の響きは大切にしている。日本語は音の響きからすると他の言語よりも「女性的」な雰囲気があるように感じるんです。リズム的というよりも、メロディー的。日本語のイントネーションの高低も、外国人が聞くと音楽らしく聞こえるというし。英語ならば、単語ごとに強弱ストレスが利くから、「ダンダンダンダン」と畳み掛けるように聞こえる。一方で日本語はつらつらと音が流れる。そういうたおやかなメロディーの曲を作るときはいいんだけど、ラップの場合はリズムや、ある意味で筋肉質な響きが重視される。そう考えると日本語でどうやっ

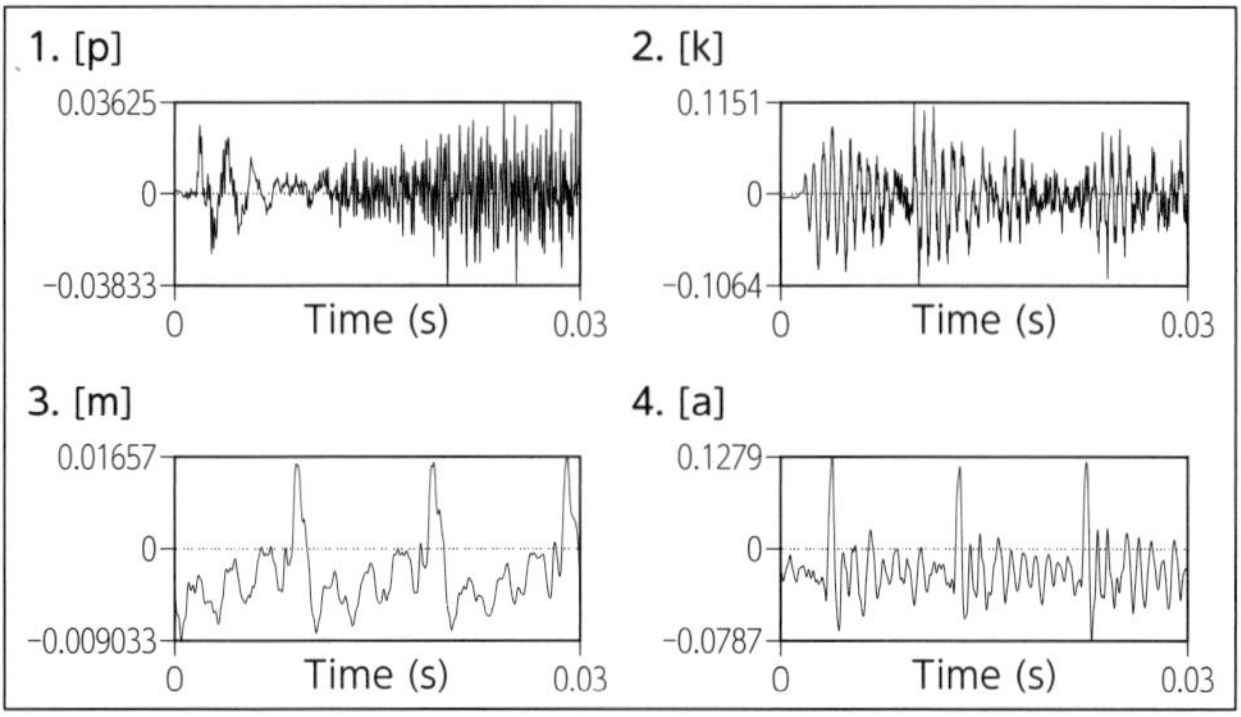

図2-2：破裂音である[p]と[k]の破裂部分の波形（上段）と共鳴音である[m]と[a]の波形（下段）。破裂がとげとげしい形をしているのに対して、共鳴音は丸っこい

て迫力を出すのかが課題になる。

川原　たしかに日本語には英語のような強弱ストレスは存在しません。英語だとストレス（強勢）がある母音は強く発音されて、そうでない母音は弱く発音されるのですが、日本語は「アクセント言語」という音の強さよりも音の高低が主に変化する言語です。良く言えば「たおやか」なんですが、ラップという観点からはメリハリがなく聞こえてしまうことがあるのかもしれない。そんな日本語を使って迫力のあるラップの響きをどうやって表現するかが問題になったわけですね。

［takete］のような破裂音は、男性の名前に使われる確率が高い。[6] 逆に［maluma］のような共鳴音は、女性の名前に使われる確率が高い。［takete］が男性的、［maluma］が女性的な印象

を与えるのは、過去の様々な実験で示されている。[7] この結果をラップの観点から再解釈すると、'80年代あたりではラップを作る際に、より男性的な響きが重視されていたと言えるかもしれません。

M それはある意味でヒップホップの前時代的な部分とも言えるかもしれない。今の時代、「男らしい」とか「女らしい」という価値観はすでに廃れてきていますから。でも、ラップは貧民街で生まれた音楽だから「強くないとやっていけない」という姿勢が根っこにある。はっきり言えば「舐められたらおしまい」という感覚もある。だから歌詞の響きにも強さ、迫力のようなものを出す必要がある。とはいえ、もちろんそれぞれのスタイルにもよるんです。今はラップも、メロディー寄りの曲が増えてきている。俺がラップを始めたときは、もっとパーカッシブさが要求されていた。「スピット」と呼ぶんだけど、音が連射されて唾が飛んできそうなイメージです。当時はそういうスタイルが主流だったから、[takete]的な音がよく使われていたと思う。

川原 ラップではパーカッシブな響きを求められるから、そこに破裂音を使う、というのは音声学的な感覚が音楽制作に活かされている好例だと思います。

日本語ラップにおける子音の役割

川原　日本語のラップにおいて韻を定義する際、「母音が揃っていること」とされるのが一般的です。たとえばRhymesterの代表曲『B-Boyイズム』の有名な韻、「磨く［migaku］」と「美学［bigaku］」の韻は、［i...a...u］というふうに母音がすべて一致している。けれども私はラップの分析を始めて、母音だけでなく子音の使い方が興味深いと気づきました。これに気づいたのがMummy-Dさんの曲を聴いていたときのことでした。聴いていた曲は、DJ HASEBE feat. Zeebra & Mummy-Dの『Mastermind』です。その中で

煙たがる隣のブスと
挨拶交わす俺はモラリスト

というフレーズがある。ここでは［suto］が小節末で共通している。子音も母音も一致している例です。この部分を聞いたときに「韻を踏むというのは、母音だけのことじゃないな」と確信を得ました。さらに、次の韻はもっと衝撃的でした。

ケッとばせ
ケッとばした歌詞でGet Money

ここでは「ケッとばせ」＝［kettobase］とGet Money＝［gettomane］で韻を踏んでいます。母音が［e...o...a...e］で揃っていますから。この韻から、子音を抜き出すと［k］-［tt］-［b］-［s］vs.［g］-［tt］-［m］-［n］というペアがでてくる。［tt］はまったく同一の子音なので脇に置いておくとして、他の子音のペアを見ていくと面白いことがわかります。日本語において、子音を出すために使われる主要器官は3つあります。前の方から、①唇、②舌先、③舌の胴体です。この観点から先ほどの韻を分析すると、

［k］-［g］＝舌の胴体
［b］-［m］＝唇
［s］-［n］＝舌先

すべての子音のペアにおいて、音を出すために使う器官が一致しているんです。しかも、大事な3つの器官がすべて含まれている。ご自身は、この歌詞について「やってやった」という感覚はあるのでしょうか。

M そこまで論理的に考えていたわけじゃないけれど、響きや聞き心地は韻を踏むときに

大事な要素だから、その結果として音声学的に理にかなったことになったのかもしれない。

この「ケッとばせ」というのはラッパーの世界でよく使われている言葉なんです。リリックをキックする、歌詞を披露する、という文脈で使われる。「お前、ちょっとキックしてみろよ」みたいな。そういう言い回しがまずあって、それを歌詞に使おうと思った瞬間に「Get Money」も浮かんできた。「Get Money」は本場の英語なら「ゲッマネー」と発音される。「get」の「t」は音にしません。でも、この曲では意図的に「ゲットマネー」と「t」を強調している。これはもちろん韻を踏むため。そう考えると英語を本場っぽく発音するパターンとカタカナ英語っぽく歌うパターンを都合よく使い分けているとも言える。

川原　「ケッとばせ」と韻を踏むために「get」を「ゲット」と、わざとカタカナ英語的に発声している、と。一方で、英語の単語は英語っぽく発音することもありますよね。

M　文脈や他の歌詞との兼ね合いで、本場っぽく英語を発音することもあれば、わざとカタカナ英語っぽく発音することもある。そのどちらも使い分けられるようになると、より多くの音を使えるようになる。英語っぽい発音のほうが適している箇所では「t」は発音しない。そうするとたとえば、「right」と「〜ない」で韻を踏むことができる。逆に「お前の態度、すごくlight」というリリックを書くときは、「態度」と韻を踏むために「t」のあとに意図的に母音を入れて「と」と発音することもできる。

川原　今の例を考えると、英語の単語は英語のまま発音しても良いし、「日本語っぽく」発音しても良い。どのような韻を踏みたいかによって使い分けられる。これは日本語ならではの利点とも言えます。先ほど、歌詞を書く際には言語学的なことなんて考えずにやっているとおっしゃいました。でも鋭敏に音の響きを感じ取っているからこそ、このような歌詞が書けるんだと思います。響きが似た子音を探して、アンテナを張っているから生まれたリリックがたくさんある。先ほどの「ケッとばせ」とGet Moneyの例を考えていくと、やっぱりラッパーたちが母音だけを重視して、子音を蔑《ないがし》ろにしているとは思えません。

　もしかしたらラッパーたちは音声学的に似た子音を選んで組み合わせているのかもしれない。そう仮説を立てて、大学院生のときに日本語ラップにおいて子音がどのように使われているかを統計的に分析しました。具体的には日本語ラップの98曲分に含まれた韻を抽出して、それぞれの子音のペアがどれくらいの頻度で現れているかを計算しました。また、それぞれの子音のペアがどれくらい音声学的に似ているのかも数値化した。そのふたつがどう相関するかを統計的に検証してみたんです。[ii] その結果が図2-3です。

　白丸ひとつひとつが子音のペアに対応しています。横軸はそれぞれの子音ペアがどれくらい音声学的に似ているかを数値化したもの。右にいけばいくほど、似た子音のペアになります。縦軸はどれくらい組み合わされやすいかを数値化したものです。この数値はちょっと説明が難しいのですが、上にいけばいくほど、韻で組み合わされやすい。大事なのは、全体的に「音声学的な近似性」と「韻における組み合わされやすさ」に正の相関が観察される。つまり、日本語ラッパーが子音も大事にしていることが統計的に明らかになったわけです。

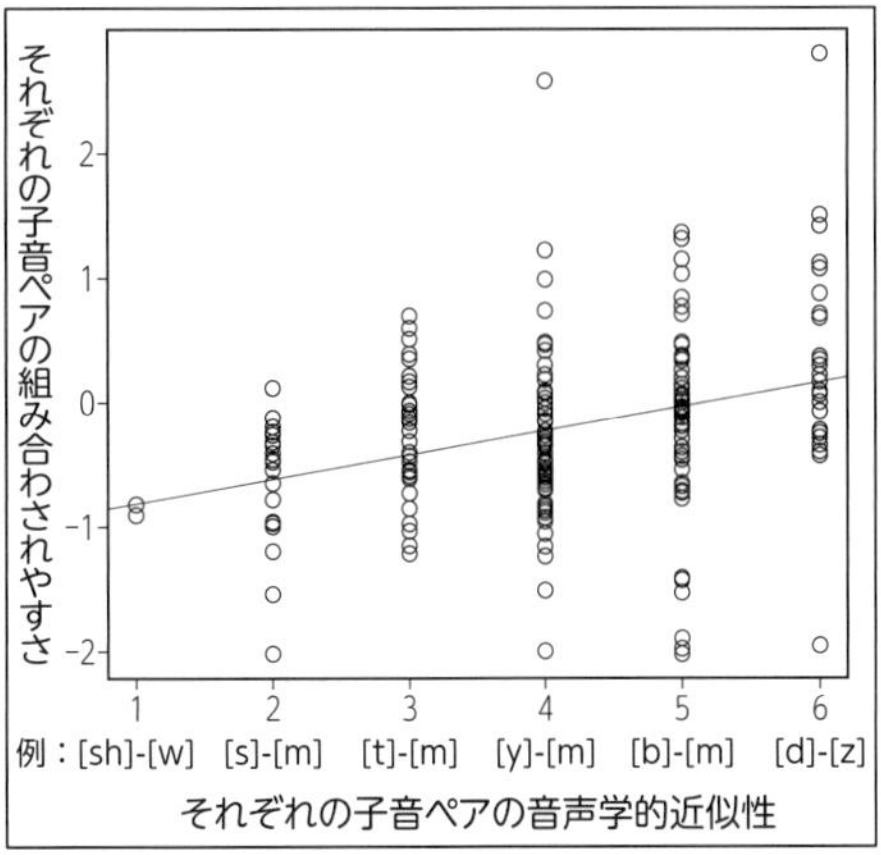

図2-3：子音のペアの音声学的近似性（横軸）と韻における組み合わされやすさ（縦軸）

この研究をしていた当時は日本語ラッパー全体の傾向を分析しただけで、ラッパー個人個人の分析はおこなっていなかったし、そんなことができるとも考えてもいませんでした。しかもラッパーたちが意識的に考えているのか無意識的に子音を選んでいたのかまではわからなかった。でも近年になっていろんなラッパーと直接話す機会をもらうようになって、子音の扱いに関してどんな意識をもっているのかを聞けるようになってきました。たとえば宇多丸さんは韻において子音を選ぶ基準がすごく厳しくて、自分のことを「子音変態」というほどこだわっている。Zeebraさんも意識的に子音を選んでいると言っていて、「濁音の響きは重要だ」と明言しています。[8] 一方で、Kダブシャインさんは何となく子音の重要性は感じていたけど、その感覚を言語化できてはいなかったといいます。ただ、彼も「韻＝母音、と思われることが不本意だ」とも言っていました。むしろ「子音＋母音」のかたまりとしての「音節」が韻にとって大事なんだと。ラッパーによって、子音の役割に対する捉え方がそれぞれのようなんですが、Mummy-Dさんはいかがでしょうか。

M　俺はそこまで意識して考えたことはなかったな。でも、考えたことがないからといって無視していたわけではないと思う。やっぱり響きの似ている言葉を探す、ということは無意識的にでも、常にしているわけだから。だから韻を踏むときに似た子音を見つけてあてはめる、ということはしてきたと思う。

ただ、大事なポイントなんだけど、個人的にはあまりにも似すぎている言葉は面白くないんじゃないかと感じている。同音異義語なんかは歌になってしまえばまったく違いがなくなってしまいますから。言ってしまえば、響きが近すぎる音は予測可能なんです。素人でも考えつくし、あまり興奮しない。それよりも、「えっ、その単語とその単語で韻を踏むんですか⁉」という驚きがある方が格好いい。だから、何でもかんでも子音が似ているからといってその子音ペアを多用するかというと、そうでもないかな、というのが率直な感想です。

川原　響きが似ている言葉が良いんだけど、まったく同じだとつまらない。意外性のある韻を探して、絶妙なラインを狙っているということですね。これを聞いて頭に浮かぶのが、人が音楽に感動するときには、「驚き」が関わっているという話です。[9] だから、予測可能な韻だとあまり興奮しないというのも納得できます。私の個人的な経験としても、ラップを聴いていてたまらない瞬間が「この単語とこの単語で韻を踏んできたか！」と驚くときです。言語学者らしい言い方をすれば「この単語とこの単語は母音が一致していたのか」という驚きです。

M　そして、ラップにおいて大切なのは言葉を使ってどうリズムを作っていくか。ラップが普通の歌と違うのは、そこだと思う。ポップスはどちらかといえばメロディーの要素が強くて、旋律で聴き手を引きつける。一方で、ラップはリズムやグルーヴで聴き手の心を摑む。そうなると、ポイントは子音や濁音をどう使いこなすかになってくる。

川原　Zeebraさんも同じようなことを言っていました。私は濁音がもたらす印象、というのも研究してきたので（27ページ）、ラッパーが濁音をどう捉えているのかは興味があります。ラップにおいて濁音の役割はどのようなものだと捉えているのでしょうか。

M　濁音がハマると一気にインパクトの強いラインになる。たとえば「バーン！」という爆発音とか「ボカン！」と人を殴ったときのオノマトペには、濁音をつけるわけじゃないですか。その意味で、濁音が効果的に入るとリリックの迫力が増すのは事実だと思う。その一方で、歌詞をパーカッシブにしたいからといって、そのためだけに濁音を入れることはしないかな。

川原　響きを大事にすることはあるけども、それによって歌詞をゆがめることはない、ということですね。俵さんが同じことを言っていました（24ページ）。響きは大事だけれど、それだけのために単語の選択を変えはしない。あくまで選択肢が複数あるときに、響きを重視して選ぶことがあるだけ。伝えたいメッセージが第一で、音の響きは二次的。歌人の俵さんとラッパーのMummy-Dさんが同じような感覚を持っている、というのは興味深いです。

日本語ラップにおける韻の手法の確立

川原　そもそも、英語では単語の最後の母音と子音の組み合わせが星の数ほどあります。子音で単語が終わることも多々あるし、子音連続の数も2個から3個まで許容される。wolf, land, strengths みたいな単語がたくさんあります。それに方言や数え方によって正確な数は異なりますが、母音の数だけでも10個以上ある。だから単語の語尾で母音＋子音の組み合わせがたくさんできるのは当然です。その一方、日本語は母音でしか終わることができません。さらに、その母音も5種類と限られている。

そうなると小節末の最後の母音だけ揃えても、日本語では20％の確率で一致してしまう。だから韻を踏んでいるようには聴こえないんです。この点に関しては谷川俊太郎さんが明言されていた時期があります。彼も韻を踏むことを考えたけど、どうも韻が聞こえてこないから諦めた、とおっしゃっていた。具体的にはこう言っています。

もともと日本語には、七五調というはっきりとした韻文の形式があります。それで短歌、俳句が非常に盛んなわけです。ただ七五調で書くと、現代詩としてはちょっと時代錯誤的になってしまうんです……それ以外に言語の音的な要素というと韻しかなくて、脚韻を踏む、あるいは頭韻を踏むということも考えたのですが、日本語の特性として脚韻というのが聞こえて来ないんです。全部母音で終わっているから。[10]

しかし、この言語学的な制約を乗り越えるかたちで、日本語ラップでは単語のすべての母音を合わせることで韻を聴き手に知らせる手法が生まれてきた。先ほどあげた例、「美学

［bigaku］」と「磨く［migaku］」もすべての母音［i…a…u］が揃っている。それどころか、単語だけじゃなくてもっと長い句で母音を合わせることもありますからね。例えば、Dさんは『HIPHOP GENTLEMEN』（DJ Masterkey feat. Mummy-D, 山田マン, BAMBOO）で「pass the mic」と「はずさない」（［a…u…a…a…i］）で韻を踏んでいます。これは、日本語の言語学的な制約があったからこそ、新たな芸術手法が生まれたのだと私は解釈しています。

M　日本語ラップの黎明期、いとうせいこうさんが日本語も韻を踏まなければラップとして聞こえないと提唱して、俺たちの世代はその考えに強い影響を受けている。だから韻を踏むのは絶対だという気持ちがあります。その上で韻の踏み方がタイトで格好いいと聴き手に思ってもらうためには、最後の一音節だけ母音を揃えているだけでは足りない。もっと手前の段階で（意図的に）母音を揃えないと、韻を踏んでいるように聞こえない。そこから最後だけじゃなくて、前倒しに何個も母音を重ねる技術が自然に生まれてきたんじゃないかな。

川原　そもそも、韻の効用とは何でしょうか。もちろん、いとうせいこうさんらの先輩方から韻を踏む文化を受け継いだという面もあるとは思います。でも、それだけでは30年以上もその手法は続かないのではないかとも思います。やっぱりラップにおいての韻には何か欠かせない効用があるからだと感じるのですが、どのようにお考えですか。

M　なぜ韻を踏むのかというと、リズムとうねりを生み出すため。ラップは普通の歌よりもリズムの要素が強い。要するにライミング（韻を踏むこと）というのは同じような響きの言葉を曲の中に出すことで、グルーヴを作る方法なんです。「おお、そうきたか。クールじゃん！」と思わせて聴き手を楽しませるためのもの。

川原　なるほど。「リズムというのは時間的な反復性から生まれる」という話を聞いたことがあります。[11]同じものが繰り返されることによって、独特のリズム感を感じさせることができるのですね。その韻に対するこだわりは、今でも続いているんでしょうか。

M　いや、それがそうでもないんです。メジャーで活動して10年くらいが過ぎたとき、ふと「ライミングにこだわりすぎることが正解なんだろうか」という思いが頭をよぎった。今までは「ヒップホップ村」の中で、「俺たちこそが本物だ」「適当にやっている奴らなんて偽物だ」と言っていればよかった。でもメジャーにいくと、歌謡曲やＪ-ＰＯＰという、何十年もの歴史がある音楽と同じ土俵で戦わないといけない。

　歌謡曲やＪ-ＰＯＰはいろんな表現方法が試されてきたし、蓄積がある。人の心にグッと入って鷲摑みにするようなソウルフルな曲もあった。そんな環境にいて、「俺たちも狭い世界でライミングしてりゃいいってもんじゃないぞ」と冷静になりました。本当に人の心を摑むためには、やっぱり歌詞自体の力を高めなきゃいけない。

川原　それは大きな分岐点ですね。そのように韻に対しての考えが変わったのは、いつ頃だったのでしょうか。

Ｍ　２００９年から２０１０年くらいにかけてだったかな。当時、スガシカオさんや椎名林檎さんとコラボして曲を作ったんです。スガシカオさんとは『はじまりの日』、椎名林檎さんとは『流行』という曲を発表している。あのときの経験が、自分のなかで大きかった。二人とも言葉の魔術師みたいな人だから、腹が立つくらい心に刺さる歌詞を書くんです。タイトルもいちいち面白い。そんな姿をみて、「これはいかんぞ」と危機感を覚えた。それまではアンダーグラウンドの中で、「お前やべぇな、クールだよ」とか言い合っていたけど、井の中の蛙だった。それに気がついて、一度ライミングから遠ざかった。本当に伝えたいことがあるなら、ライミングという制約でメッセージを曲げてはいけないと考えたんです。２００９年にリリースした『ONCE AGAIN』という曲は、勇気をだして韻を踏むことにこだわらないことに挑戦したものです。

川原　『ONCE AGAIN』は、私も大好きな名曲で、歌詞自体のメッセージもすごく心に刺さるものでした。いろいろなアーティストにリミックスされたことでも話題になりましたね。それだけ影響力が強かった楽曲なんだと思います。でも、それまで培ってきたライミングという手法から離れることに恐れはなかったですか？

M　それは怖かった。実際、メッセージに重きをおくようになってから「アイツの韻が甘くなった」とか言われるわけです。ネットの掲示板でもそんなコメントを見かけて落ち込んだりして。でも自分がやるべきことは、これまでのやり方から離れて新しい曲の作り方を模索することだった。

面白いのが、それから10年が経って、最近またライミングに回帰してきたこと。一度ライミング至上主義から距離を取ったことで、あらためて韻の面白さがわかるようになってきた。今の若手の曲を聴いていると、俺たちの世代以上にライミングにこだわるラッパーがどんどん出てきた。たとえばヒップホップMCのZORNなんて、ライミングフェチとしか言いようがないくらい徹底してライミングと向き合っている。そんな姿を見ていて、俺ももう一度、ライミングに対して本気になろうと思うようになってきた。

川原　最近、ヒップホップのジャンルではなくても、韻を踏んでいる曲が増えてきたと感じます。たとえば『はたらく細胞!!』というアニメのテーマソング『ミッション！ 健・康・第・イチ』では、「迷子」から「(はたらく) 細胞」、そして「さぁいこう」と [a...i...o] で韻が踏まれている。『おしりたんてい』という子ども向けのアニメがあるんですが、そのアニメの『ププッとフムッとかいけつダンス』というテーマソングでは「レディー」と「正義」と「ミステリー」という歌詞が出てきて、そこでも [e...i...i] と韻が踏まれているんです。アニメ『推しの子』のテーマソングであるYOASOBIの『アイドル』でもラップパートがあります。子ども向けのアニメやヒット曲にライミングが取り入れられるようになってきた状況を、ラッパーとしてどう感じていますか。

M　うまく韻を踏んでいてクオリティーが高い曲もあるし、わざとらしくて不自然な曲もあるなぁ、というのが正直な感想かな。でもユーミンさんとか桑田佳祐さんとか、それこそ'70年代からポップスや歌謡曲でも韻を踏んでいる曲はあった。しかも、それが見事なんです。要所要所で言葉の響きを合わせて、効果的に曲を引き立てていた。最近、いろんな場面で韻を踏む曲が増えてきたのは、生まれたときからヒップホップが身近で、このジャンルの曲を聴いて育った若い世代が増えてきたからじゃないかな。

音節を使って母音を圧縮する技術

川原　対談の冒頭で、日本語はやわらかい語感があるから、ラップに不向きな面があるとおっしゃっていました。その中で日本人ラッパーたちはどうやって日本語を「硬質」な音として聴かせる工夫をしてきたのでしょうか。

M　日本語では母音を揃えて韻を踏むという基本は先輩たちがすでに実践していた。俺たちの世代は、それを土台にして日本語ラップのリズムを改善したいと試行錯誤しました。

それまでは日本古来の七・五調のラップが多かった。でも、もっと違う新しい可能性があるんじゃないかと模索し始めた。たとえば、裏拍（拍を前半と後半に分けたうちの後半の部分や、四分の四拍子の曲で「1と2と3と4と…」とリズムを取ったときの、「と」の部分）やハネ（音符を弾ませて発声する技法。「タッタタッタ」というリズム）を強調したり、音節を圧縮する方法を考えた。

川原　「音節を圧縮する」という考えに関して、私も興味深く思っていました。日本語における音節というのは、基本的には子音1つと母音1つが合わさった塊です。でも、母音を2つ重ねた[ai]という音は、1つの音節としてまとまることが言語学的にわかっている。[12] 文字にすると「あ」「い」と分かれるので音節が2つ必要だと思ってしまいますが。Dさんのラップを聴いていると、一音節として[ai]という韻を踏むと、徹底的に[ai]の音を崩さない、という気付きがありました。つまり[ai]（愛）と[aki]（秋）では韻は踏まないんです。具体的な例を挙げると、『Do What U Gotta Do』（Zeebra feat. AI, 安室奈美恵& Mummy-D）での歌詞でこんな部分があります。

Alright, ならまた違うスタイルで
フロウすりゃ Fake とは見間違うまい
壁に直面中？　ならしな迂回

または一点突破オレら Hip Hopper と味わうかい？
（中略）
Yo, Mr. Dynamite もう待たしちゃいらんない
摑め Mic　このシンフォニー

ここに潜んでいる韻は「Alright」「スタイ（ル）」「見違うまい」「迂回」「味わうかい」「Dynamite」「いらんない」「Mic」で、[ai]で終わる8つの単語で構成されています。面白いのは、[a]の前には、[r]とか[t]とか[m]とか色々な子音が現れるのに、[i]の前では子音が現れることは8回中1度もない。これは偶然ではあり得ない。つまり、[ai]が1つの音節だと認識して、これを分解することを許していないことの証拠だと思います。

言語学者ならともかく、一般の日本人で[ai]が1つの音節にまとまることを意識している人などいないと思っていましたから、この発見は驚くべきことでした。

M　愛（[ai]）と秋（[aki]）問題ですね。聴覚上の気持ちよさを考慮して、俺はその2つの音では韻を踏みたくない。[iii]「あい」を原稿用紙に書くと、2マス分必要になる。でも、音の面では一マスに入れ込むことができる。この手法を使うとふにゃふにゃだった日本語の密度が高まり、ラップに向いている硬いリズムが生まれてくる。

川原　日本語では「あい」だけじゃなくて「おい」も1つの音節にまとまるんですよね。だから、たとえば「恋」（[koi]）と「時」（[toki]）では、韻を踏んじゃいけないことになりますが、どうお感じになりますか。

M　うん、それで韻を踏んだらだめだね。

川原　そう考えると、やっぱり「音節」という単位が重要だということが見えてきます。2文字だけど、1つの音節にまとまるのは「あい」だけじゃない。「おい」も1つの音節にまとまりますし、「ん」も前の音にくっついて1つの音節をなす。

M　だから、たとえば「半端ないぜ」と「have a nice day」という言葉を揃えてみる。日本語の「はん」を圧縮して一音節とし、「ない」も1音節に押し込める。すると、「はん」「ぱ」「ない」「ぜ」の4音節にまで密度を高められる。「have a nice day」と同じ音節数です。するとこの2つで韻を踏めるようになる。

川原　私としては言語学の授業を履修していない人が日本語の音節構造を理解して、それをラップ作りに応用しているという点に興奮を覚えます。私自身、「あい」「おい」「あん」が1つの音節にまとまる、なんて言語学を学ぶまで考えたこともなかった。

俵万智とMummy-Dの意外な共通点

川原　今の話は俵さんの感覚とも共通しています。Dさんは「あい」という母音が並んだときに、その母音連続をひとつの音節に押し込むことがあるとおっしゃいました。俵さんも、音節としてひとつにまとめられるものはまとめて、聴感上は字余りではないような短歌を作ってらっしゃることがあるんです（38〜43ページ参照）。

M　それは意外です。短歌の場合は完全に字面の数で文字数を捉えているんだと思っていたけど、そこまで意識してやっているんだ。

川原　言語学者としては、俵さんとDさんが同じ言語感覚に基づいて作品を作っている、という点に感動します。それに言語学という道具立てがあるからこそ、お二人がやっていることに共通性が見えてくる。これはすごく大事なことだと感じます。言語学をやる意義のひとつとして捉えることができますから。

Dさんが音節を意識して歌詞を書くのは、英語の影響が強いからなのかと思っていました。英語では[ai]がひとつの音節だから、日本語ラップでもそれをひとつの母音として捉える、と。でも、それだけではないんですね。日本語の中に「音節」という種があって、それをDさんやZeebraさんのような日本語ラップの黎明期を支えてきたラッパーたちが韻の技術として育ててきた。

M 英語は発音するとき、常に口の中が回って忙しいイメージがある。その一方、日本語は進化する上で、発声において楽をする方向に進んでいった気がする。ならば日本語の特性を活かしながら、どうやって「聴こえの良さ」を高めていくか。それは今後も突き詰めていかないといけない。

川原 言語学を体系的に勉強したわけでもないのに、「あい」がひとつの音節をなしているから、それを圧縮してひとつの音符に押し込めようという技術が生まれるのは、日本語ラップの技術を作り上げてきたラッパーたちの言語感覚が鋭いからだと思うんです。そのことを私は言語学という第三者的な立場から証言したい。

アクセントとどう向き合うか

川原 次にお話しししたいのがアクセントの問題です。日本語における「アクセント」とは、「橋」と「箸」の違いなど、音の高低の差異を指します。いわゆる共通語において「橋」は「低高」ですが、「箸」は「高低」ですね。

アクセントの扱い方に関して、ラッパーにはふたつのスタイルがあると感じています。ひとつめは韻を踏む際、元々の単語のアクセントを崩してでも同じ高低パターンに揃えてしまうタイプ。たとえば、ラッパ我リヤの山田マンさんは典型的です。逆にDさんは元々の日本語のアクセントを大事にして韻を踏んでいる印象を受けます。

これは二人が共演している『HIPHOP GENTLEMEN』を聴くとよくわかります。山田マンさんはアクセント崩しが顕著です。「テンションはバカンス　演奏を活発にこなすラッパーズ　芸術は爆発　生きるのに役立つ」という部分では、「バカンス」「活発」「ラッパーズ」で［a..a..u］を合わせて韻を踏み、「爆発」「役立つ」で［a..u..a..u］を合わせて韻を踏んでいます。前者は一般的な発音に照らし合わせると「バカンス（高低低低）」「活発（低高高高）」「ラッパーズ（高低低低低）」ですが、山田マンさんはすべて「高低低低」で発音している。同じように「爆発」と「役立つ」もそれぞれ「低高高高」「低高高低」と発音されるはずですが、山田マンさんは「高低低低」で発音している。言語学的には、「バカンス（高低低低）」に合わせて「活発」のアクセントを変化させることで「ここで韻を踏んでいるから、よく聞けよ」という聴者へのメッセージと捉えることができます。すると、聴者は「次にどんな単語で韻が踏まれるのだろう」とワクワクできる。そこで「ラッパーズ（高低低低低）」と重ねてくるわけですよね。さらに「爆発」と「役立つ」も「高低低低」で発音されていて、この「高低低低」のリフレインが聞き心地が良い。

M　たしかに山田マンは、強引にアクセントを合わせることでリズムを生み出している。そして、それが彼のラッパーとしての個性に繋がっている。

川原　一方、Dさんはあまりそれをやらない。このふたつのスタイルは、どちらが優れているということではないと思います。ただ、アクセントひとつとっても、ラッパーによって姿勢が違う、という点が言語学者として興味深い。アクセントを崩してでも韻の響きを優先するか、元々の単語のアクセントを重視するかで分かれている。私の印象だとRhymesterのおふたりは、アクセントを大事にするタイプだと感じています。一方、キングギドラのKダブシャインさんとZeebraさんは、アクセントの扱いが対照的です。Kダブさんはアクセントを大事にするタイプで、本人もこの点について明言していました。逆に、Zeebraさんは積極的にアクセントを崩してリズムを作りあげていくタイプ。同じグループでも対比がみられる。もちろん、これは傾向であって、曲によってスタイルが違う人も多いし、Dさんも「絶対アクセントを崩さない」というほどではないと思うのですが。

M　アクセントを崩すやり方と忠実なやり方、そのどちらも使いこなせる人もいる。ラッパ我リヤの山田マンは、「韻フェチ」のタイプ。個々の単語のアクセントを崩してでも、韻を重ね「ここで韻を踏んでますよ！」と強調する方法です。一方で、俺は日本語の単語が持っている音程の上げ下げに合わせて歌詞を書こうと思っている。

川原　それはアクセントを崩してしまうと単語が聞き取りにくくなり、メッセージが伝わりにくくなるという理由でしょうか。

M　それもあります。アクセントを変えてしまうと、違和感を覚えてしまうリスナーが一定数いる。その人たちに迎合しているわけではないんだけど、俺たちは普遍的なラップを作りたいというこだわりがある。

川原　日本語の発音として自然でありながら、ラップとして成立させる。

M　あくまでメッセージを伝えるストーリーテラーでありたい。だとしたら、一聴して歌詞がすっと入ってくる発声をしないと伝わらない。家のベッドで歌詞カードをじっくり読みながらじゃないと意味がわからない歌詞は書きたくないんです。ライブで初めて聴いても、心を摑めるようなメッセージを伝えたい。

面白い響き、聴覚上インパクトがある韻を優先させる人もいるし、俺みたいに内容や文脈も大事にしたい人もいる。響き重視の人は文の意味は支離滅裂でも、とんでもなく面白い言葉の連なりを作れたりする。それは画家で言えば抽象画が得意な人とリアリズムを追求する人の違いに似ている。そういう意味では、俵さんと俺のアーティストとしてのポジション、スタイルが近いのかもしれない。

川原　俵さんとMummy-Dさんは一見すると違うジャンルの作品を作っている二人ですが、言語学者の目から見ると、同じような感覚を持っている。音の響きとメッセージの意味だったら、どちらを優先するのかとか。「あい」に関する音節の響きの捉え方とか。俵さんも子音の響きをもとに「七月六日はサラダ記念日」という名句を思いついたわけで（25ページ）、これはDさんが韻を作るときに子音を選んでいる感覚に通じるところがあります。

字余りについて

川原　もうひとつ気になるのが、韻における字余りです。つまり小節末に対応する母音がないことを許すかどうかなんですが、Dさんはあまり字余りをしていない印象があります。字余りを許すのは、限られた条件が揃ったところだけ。そして字余りを許容するにしても、ほぼ[u]しか許さない。

たとえば、『HIPHOP GENTLEMEN』の「DJブース」と「プレイ中」という韻がそうです。この韻では「ブース」の最後の[u]が余っていますが、この[u]は声帯振動が起こらず無声化して聞こえなくなっている。さらに「ブース」を英語のboothだと考えれば、そもそも母音はないとも言えます。他にも、『HIPHOP GENTLEMEN 2』（DJ MASTERKEY feat. Mummy-D, 山田マン, MINESIN-HOLD）では「眩《くら》んで」と「膨らんでる」という言葉で韻を踏み、後者の[u]が余っています。この場合、「る」というのは現在形を表す接尾辞だから意味的にそこまで重要じゃない。そう考えると、Dさんは色々な意味で存在感のない母音でしか字余りを許さないのではないか。存在感がないなら、あまり字余りにも聞こえませんし。

M　要するに「眩んで」と「膨らんでる」の場合、「る」を子音扱いしているんだよね。もちろん「る」は子音ではないんだけど、ふだん日本語を喋っているときに「る」を強調することはあまりないでしょう。たとえば「遊んでる」という表現でも、最後の「る」は直前の「遊んで」と同じ大きさでは発声していない。

川原　「遊んでる」の「る」は、さっきの「膨らんでる」と同じように現在形を表すだけだから、そんなに大した意味を持っていない。だから音としてはっきり発音しない。つまり、母音部分が非常に弱く発音されている可能性が高い。実際、言語学では、現在形などの時制を表現する単語は「機能語」と呼ばれていて、単語のなかでもあまりはっきり発音されない傾向があるという指摘があります。[13]でも、おそらくそんな学説を知った上で歌詞を書いているわけではない。現在形の[u]の音が小さく発音されるという感覚を自然に持っていて、それをライミングする際に使っているんだと思います。

M　似たような話だけど、「何々です」「何々をします」という場合の「す」って、[su]とは発音しないよね。[des]とか[mas]としか発音していない。だからこういうケースでも最後の「す」は子音扱いをする。他の音と並べるなかで、小さめに発音しないと違和感が出てしまう。

川原　いわゆる「母音の無声化」というやつですね。特に語末にくる[u]の前が無声子音である[s]だった場合、その母音は完全に消えると考えて問題ありません。[14]だから「ＤＪブース」と「プレイ中」で韻を踏むことを許している。でも無声化した母音が完全に消失しているというのは、最近の音声学の研究でようやく実証された観察なんです。それを当然のように自分の楽曲に取り入れているんだから、言語学者としてはたまりません。

インテリジェントな遊びとしてのラップ

川原　ラップって、どうしても「怖いお兄ちゃんたちが喧嘩しているような音楽」だと思われています。これは大学の授業でラップを紹介するときによく聞かれる誤解ですし、世間でもまだまだこういうイメージを持っている人は存在すると思います。そのイメージについてどう受け止めていますか。

Ｍ　これは声を大にして言いたいんだけれど、ラップは乱暴な人間がやっている音楽だと思われている節があるけど、それは絶対に違う。あくまで言葉を使った、純粋な表現なんです。そこには、大学卒も地元でやんちゃをしていた人間も分け隔てはない。誰もが同じ土俵で言葉を使って戦えるのがヒップホップの格好いいところ。学歴は問わずに言葉でぶつかりあえる、インテリジェントな遊びなんです。

川原　おっしゃる通りですね。それに、日本語でラップをするということは日本語の新しい可能性を探究することに繋がっていると思うんです。日本語には、まだこんな表現方法があったんだという、新しい可能性です。'80年代初頭には複数の母音を揃えるだとか、子音の響きを考えるだとか、音節構造の仕組みを使って日本語の音を圧縮するだとかという手法は確立されてなかったわけじゃないですか。だけど日本人ラッパーの試行錯誤の末、現在の日本語ラップという表現方法が確立された。今後も新しい表現方法が開拓される可能性は高いと思います。

M　35年近くラップをやっていても、日本語には未知の可能性、表現方法があると感じます。そもそも日本語というもの自体が、外部からの新しい概念や言葉を受け入れてきた中で出来上がってきた。カタカナ英語もそうだし、和製英語もそう。明治の思想家・西周《にしあまね》もそれまで日本にはなかった概念を表す英語やドイツ語などの単語をたくさん日本語に翻訳したそうですし。漢字もそうだよね。漢語を取り入れて、音読みの日本語をたくさん作った。

川原　日本語には古来使われてきた大和言葉（和語）と呼ばれる単語が存在しますが、現代の日本語においては、中国語から輸入された漢語や明治期に入ってきた外来語を除くと、33％ほどしか残らないと言われています。[15] 要は3分の2は他言語からの借り物だった。日本は文化も言語も、周囲のものを取り入れていく柔軟性がある。

M　日本語は、ひとつのモノやことを表すのにもいろんな言い方がある。漢語で言ったり大和言葉で言ったり、英語をカタカナ英語に加工したり。日本語は思っている以上に幅が広い。その良さを使い切らない手はないなと思います。

川原　同じ「宿泊施設」を表す単語でも大和言葉の「宿」、漢語の「旅館」、外来語の「ホテル」がある。それぞれニュアンスは違いますが。こういう語彙の多層性が日本語で表現する上で武器になる、ということですね。

ラップのメッセージ性

川原　私は、ラップは非常にメッセージ性が強い音楽ジャンルだと感じています。聴き手を鼓舞してくれるような楽曲が多いし、私も励まされてきました。これはラップの起源を考えても納得できることで、ラップはアメリカ社会へのアンチテーゼとして生まれてきた側面があるので、メッセージ性が強い曲が多いんですよね。日本語ラップの中で特に印象的なのがMummy-Dさんが出演している「トビタテ！留学JAPAN」のWebムービー「Dear Father」でのラップです。YouTubeで視聴できますから、読者の方々もぜひ視て欲しいですね。

M　あの「トビタテ！留学JAPAN」は文科省が官民協働で推進する、若者の海外留学を促進するキャンペーンでした。その一環として、文科省がWebムービーを作った。海外留学したいと思っているけれど言い出せずにいる息子と、その父親とのストーリー。俺はその、町工場で働く父親役を仰せつかりました。息子役は俳優の村上虹郎《にじろう》くん。虹郎くん演じる息子は、本心では留学したいんだけれど、金銭的なことを心配して親に切り出せない。一方、父はそんな息子の気持ちに気がつき、叱咤しながらも背中を押してやる。そんな物語。その動画の中で、二人の会話をラップの掛け合いで表現したシーンがあった。

川原 あのラップを初めて聴いた時、自分自身の留学経験を思い出して、泣けてしまいました。この曲は顕著な例だと思いますが、一般的に考えても、ラップには人の心にストレートに突き刺さる力があると思います。それは何故なのでしょう。

M ラップは「話し言葉」に近いからだと思う。構えず、いつも自分が使っている言葉で相手とコミュニケーションを図る音楽。だからこそスッと聴き手の心にも入り込む。

川原 ラップは何を歌ってもいいし、家族愛や友人への愛など、普段だったら恥ずかしくて口にできないことも歌にできてしまう。曲の最後に友人たちの名前をひたすら読みあげることもあるじゃないですか。対照的にポップスでは友人の名前を連呼して感謝を伝えるような歌詞は滅多にありません。

M ヒップホップって、そもそもそんな大層なものを作ろうとはしていない。「自分の身近にいる人にだけ響けばいい」というところからスタートしたカルチャーです。誰にもわからない地名や店の名前を出してもいい。自由なんです。俺たちの世代には、それが面白かった。こんな個人的なことを曲にしちゃっていいんだ、という驚きに心を打たれた。今伝えたい、言葉にしたいものが10年後に残っているなんて露ほども考えていない。その刹那の格好よさがある。

ラップは言語芸術か

川原　続いて、言語芸術をテーマにお話ししましょう。「言語芸術」という概念はあまり一般的ではないんですが、私はこの言葉をもっと広めていきたいと考えています。言語芸術は英語で「verbal art」です。[16] 詩歌などの文学表現、神話や伝承などの口承、歌唱、言葉あそび、洒落などを含む「言語」を使った「芸術」の総称で、私はラップも含むべきだと思っています。先ほども話題にあがりましたが、ラップは「怖いお兄ちゃんたちが喧嘩しているような歌い方」という誤解がある。その誤解を解くためにも「ラップは芸術なんだよ。他の文学と変わらないんだよ」というアプローチをしていきたいと思っているんです。ラップは複数の母音を揃え、子音の使い方にも注意し、音節を気にして、ときにはアクセントを大事にして曲を作っている。これはもう、言語学的な観点からは十分に芸術だと言えると思うんです。

M　そう言ってもらえるのは嬉しいな。

川原　それから、一般的にはすでに芸術だと思われている短歌の伝統との共通性も少なくない。短歌の中にも母音を合わせて韻を踏む手法がありそうです。たとえば、万葉集の「多摩川にさらす手作りさらさらになにそこの児《こ》のここだかなしき（詠み人知らず）」では、[a...a...a...i] が繰り返されています。

子音を合わせる頭韻を駆使した歌も少なくありません。私の好きな例は「よき人のよしとよく見てよしと言ひし吉野よく見よよき人よく見（天武天皇）」ですが、明らかに「よ」を重ねている。百人一首のなかの「ひさかたの　光のどけき　春の日に　しづ心なく　花の散るらむ（紀友則）」という歌も[h]がくり返されているという点で、頭韻が駆使されている。俵さんも子音の響きを意識して頭韻を駆使している短歌を何首も詠んでいます（23〜30ページ）。

こう考えると子音も母音も駆使して独特の響きをもたらすという手法は、短歌もラップも同じです。先入観なく日本語ラップと短歌を客観的に比較したら、このふたつはそこまでかけ離れた表現方法ではない。

それに有名な曲の一部を自由に取り込むラップのサンプリングは、短歌における「本歌取り」と通ずるところがあります。名曲、名句からの引用やオマージュ、古典への尊敬などの観点から考えるとラップも短歌も変わりはない。ラップのフリースタイルバトルだって、「歌垣《うたがき》」として歌人たちが1000年前にやっていたことです。[17]

M　「連歌」もそうだと言えるかもしれない。当時も歌を詠む際、即興性が求められただろうし。でも、ラップというのは、これからもっと成熟が必要になるジャンルだと思う。日本語ラップ黎明期には、そもそも何を歌にするのか、どんな手法があるのか皆目わからなかった。だからこそ、まずは必死になって英語ラップの真似をしたんです。

でもアメリカはこうだからとか、今の流行がこうだからというところで立ち止まっていたら、本物の表現はできない。その先にある、ラップを使った自分だけのスタイルを確立しなければ生き残れない。俺の年齢になると特にそう。多くのラッパーたちがその問題に直面し、それぞれ独自の表現方法とは何かを突き詰めていった先に、言語芸術としてのラップの成熟がある。そのためには、まだ歴史が浅すぎる。

川原　一方で、先ほどMummy-Dさんがおっしゃったように、格式張らない、遊びの部分もラップの魅力なんですよね。

M　俺たちは一握りの人たちにしか手が届かないような高尚な文化になりたいわけではない。そこはバランス感覚が問われます。ラップはあくまでストリートに根差したもの。「芸術」っていうと「手の届かない」というニュアンスもあると思うんだけど、そうはなりたくない。お高くとまった文化じゃないけれど、アートとしての凄みもある。その領域まで辿り着きたいです。

教育現場にも有効なラップ

川原　最後になりますが、私は教育者としてはラップと教育現場を結びつけたい、という願いも強く持っています。実際、大学の講義でヒップホップがアメリカで誕生したときの歴史的・社会的背景を扱うと、みんな予想以上に食いついてくれるんです。

ヒップホップが生まれた'70年代初頭、ニューヨークのブロンクスは貧困によって荒れていました。暴力的抗争も絶えなかった。そんな中で、ヒップホップは、ラップやダンスを通して非暴力的に問題を解決するための方法として確立されてきました。ヒップホップの創始者の一人アフリカ・バンバータが提唱した四大理念は「平和・団結・愛・楽しむこと」です。ヒップホップは今やアメリカの音楽チャート上位を独占するのが当たり前になっているし、世界に広く影響を与えている音楽ジャンルです。だから、ラップが生まれたときの歴史的・社会的背景や、ヒップホップの四大理念くらいは大学生たちに理解してもらいたい。これは、現代社会を理解するためにも大事なことだと思うんです。

もうひとつは、小学生のような小さい子どもたちもラップを楽しめるようになったらいいなとも思っています。たとえば将来的には、音楽の授業にラップが取り上げられるようにもなってほしい。

M　ラップは性質上、扱えるトピックがポップスの比ではない。地元の友達のことでも、好きなお菓子のことでも、仲間内の流行り言葉でも、なんでもいい。それだけ間口が広い。メロディ重視の曲を作ってもいいし、リズム重視の曲を作ってもいい。音楽としても幅が広い。だから子どもも何か伝えたいことや困ったこと、苦しんでいることがあればラップで表現してみようというのは、有効な手段だと思う。

そのときに「YO!」や「チェケラッチョ!」なんて言わなくてもいい。もっと普通の、普段着の日本語でいい。黒人っぽい格好や声の出し方を真似しなくていい。自分なりの言葉でラップをすればいいんです。

川原　今回の対談で浮かび上がった点を整理させてください。まず、日本語ラップというのは技巧的な知的遊戯であること。単純に小節の最後の母音を揃える、なんて簡単なものではない。子音の響きも大事だし、音節構造やアクセント、母音の無声化だって韻の踏み方に影響をしているわけです。アーティストは言語学的な観点から理詰めで韻を紡ぎだしているわけではないけれど、「音の響き」を重視した結果として、非常に音声学的に理にかなったパターンを生み出している。

それから「可能性の開拓」という点。日本語ラップが始まった当初は「日本語はラップに向いていない」と言われてきたし、実際にそうだったのかもしれない。でも、そんな制約を乗り越えて今のラップの技術がある。日本語という言語的な制約があったからこそ、現在のような表現方法が生まれた。これは俵さんとの対談でも話題になった「制約は創造の母である」というメッセージを体現していると思います。

最後に、言語学をやる意義というのも今回の対談ではっきりしてきたように思います。私は長いあいだ「言語学って何の役に立つの?」という疑問にさらされてきました。必ずしも学問は世の中の役に立たなくてもいいんですが、研究者としては明確な答えが欲しい。言語学というレンズを通してみると、ラッパーの方々が感覚的にやっていることが一層、明確になる。その感覚が俵さんが持っている感性と同じようなものだということもわかってくる。言語学的な知見を用いることで、言葉そのものや言語芸術に対しての解像度が上がるんです。その気付きを第三者的な立場から証言し、一般の方々にことばや言語芸術の魅力を伝える。これは言語学者が、社会に貢献できる大切な仕事だと感じました。

註釈

i　本対談の一部は Real Sound の YouTube チャンネルの企画【日本語ラップ論争は終了か？】で収録されたものが土台になっています。

ii　この結果の初出は Kawahara, S.（2007）Half rhymes in Japanese rap lyrics and knowledge of similarity. Journal of East Asian Linguistics 16: 113-144 です。図2－3の縦軸と横軸の値に関する詳細な説明は左記の『言語学的ラップの世界』をご参照ください。

iii　Ice Bahn の玉露さんや Zeebra さんも同様の発言をしているので、日本語の音節構造に注意を払って韻を踏んでいるのは Mummy-D さんだけではなさそうです。

参考文献

1　川原繁人 feat. Mummy-D、晋平太、TKda 黒ぶち、しあ（２０２３）『言語学的ラップの世界』東京書籍

2　宇多丸ほか（２０１８）『ライムスター宇多丸の「ラップ史」入門』ＮＨＫ出版

3　Lindauer, M. S.（1990）The meanings of the physiognomic stimuli *taketa* and *maluma*. Bulletin of the Psychonomic Society 28: 47–50.

4　Köhler, W.（1929/1947）Gestalt psychology. New York : Liveright.

5　Style, S. & L. Gawne（2017）When does maluma/takete fail? Two key failures and a meta-analysis suggest that phonology and phonotactics matter. i-Perception 8: 1-17.

6　Cassidy, K. W. et al.（1999）Inferring gender from name phonology. Journal of Experimental Psychology: General 128: 362-381.

7　Kawahara, S. et al.（2015）Iconic inferences about personality: From sounds and shapes. Iconicity: East meets west. John Benjamins. 57–69.
8　Zeebra（２０１８）『ジブラの日本語ラップメソッド』文響社
9　Zatorre, R. J. & V. N. Salimpoor（2013）From perception to pleasure: Music and its neural substrates. PNAS 110: 10430-10437.
10　https://cakes.mu/posts/19643より引用したもの。ただし、現在はリンク切れ
11　小泉文夫（１９９４）『音楽の根源にあるもの』平凡社ライブラリー
12　Kawahara, S.（2016）Japanese has syllables: A reply to Labrune（2012）. Phonology 33: 169-194.
13　Bell, A. et al.（2009）Predictability effects on durations of content and function words in conversational English. Journal of Memory and Language 60: 92-111.
14　Tsuchida, A.（1997）Phonetics and phonology of Japanese vowel devoicing. Doctoral dissertation, Cornell University.
15　野村雅昭ほか編（２０１１）『新選国語辞典　第九版』小学館
16　Fabb, N.（1997）Linguistics and Literature. John Wiley & Sons.
17　曽田正人（２０１８）『Change!（３）　和歌のお嬢様、ラップはじめました』講談社

第3章　人間にとって「声」とは何か

山寺宏一《やまでらこういち》

声優、1961年生まれ。1985年、アニメ『メガゾーン23』でデビュー。『それいけ！アンパンマン』や『ルパン三世』、『新世紀エヴァンゲリオン』などの国民的作品に数多く出演し、ディズニー作品のドナルドダックの役も務める。司会者やラジオパーソナリティとしても幅広く活躍している。

ドナルドダックから銭形警部まで

川原　私が山寺さんと知り合ったのは2021年10月でした。前々から声優さんの演じ分けを音声学的な観点から分析していて、知り合いの声優さんを慶應の授業に招待していたんです。そんなおり、授業を履修していたゴスペラーズの北山陽一さんに山寺さんを紹介してもらい、授業に登壇していただきました。山寺さんといえば、これまで数々の国民的アニメに声優として出演されています。私もそれらを観て育ってきました。『それいけ！アンパンマン』のめいけんチーズやカバお、ディズニー作品のドナルドダックや『アラジン』のジーニー、『新世紀エヴァンゲリオン』の加持リョウジ、『らんま1／2』の響良牙《ひびきりょうが》、『ルパン三世』の銭形警部など枚挙に暇がありません。

今回の対談では、まず山寺さんの演じ分けの音声学的な分析を振り返りたいと思います。そして「七色の声」を持つと言われる山寺さんがどのようにご自身の声と向き合い音声表現をしてきたのか、さらに人間にとって「声」とは何かを議論できればと思います。

山寺　僕は1985年に『メガゾーン23』というアニメで声優デビューを果たしてから、四十年近くにわたって活動してきました。その経歴の中で数えきれないほどの役を演じてきたけれど、自分の声を音声学的に分析してもらうという経験はありませんでした。自分がどんな特徴の声をしているのか、声を生業としている人間として興味津々です。それだけではなく、今回は「人間にとって音声とは何か」という根源的なテーマについても話せるということで、楽しみです。

声優・山寺宏一の声を音声学的に「解剖」してみる

川原　山寺さんの声の特徴とは何か、長塚全《ながつかぜん》さんという音声学とボイストレーニングの融合を実践しているトレーナーの方と音声学的に分析しました。すると、驚くような発見がたくさんありました。結論を先取りすると、山寺さんの演技の幅広さの要因は、少なくとも3つあると思われます。①それぞれの器官の動き自体の柔軟さ、②声を変えるために使っている器官の種類の豊富さ、③演じる役の話し方の癖の捉え方です。

まずは①の「器官の動きの柔軟さ」からいきましょう。「器官の可動域の広さ」と言ってもいいかもしれません。たとえばチーズの声を分析してみると、一番高いところで830Hzほどの高さが出ています（図3－1上）。これは声帯が一秒間に830回振動しているという意味で、驚異的なスピードです。この値はメゾソプラノ歌手の高い音域とほぼ同等だそうです。これくらい高い音を出すためには、輪状甲状筋という筋肉を使って声帯をかなり強くひっぱらなければならない。いわゆる「裏声」なんですが、普通の人では安定して800Hz以上の裏声を出すことはできません。しかも裏声を出す時には声帯が伸びて薄くなるので一般人だと弱々しい音になりがちですが、チーズの声は音がしっかりでている。声の高さだけでなく、裏声なのに音が弱くなっていないという点も山寺さんの声の特徴です。

さらに興味深いのが、チーズの声と『らんま1／2』のPちゃんの声の比較です。ちなみにPちゃんは、響良牙が水をかけられると変身してしまう小さな黒豚のキャラです。Pちゃんも高い声が出ているのですが、測ってみると600～700Hzほどで、めいけんチーズよりも最大値が低く動きも小さい（図3－1下）。つまり山寺さんはいろいろな声の高さの裏声を操り、キャラクターによって演じ分けていることがわかります。さらに音の高さだけでなく、Pちゃんは「喉が締まった」声を出しています。これは、声帯の上に存在する仮声帯という器官（図3－2）を締めて発音しているのではないかと考えられます。

山寺　チーズに関して言えば、僕は最初は演じるつもりはなかったんです。やりたかったのは、ばいきんまんでした。ですが、ばいきんまんのオーディションには落ちてしまった。そこでスタッフから「犬の役をやってもらえないか」と打診されました。最初は戸惑ったけど、どうやったらインパクトのあるチーズの声を作り上げられるか試行錯誤しました。とはいえチーズとPちゃんの声の周波数が100～200Hz近くの差があったなんて。無意識のうちに使い分けていました。

川原　声の高さだけではなく、その高さをどのように変化させるのかも多様です。たとえば、『もっと！　まじめにふまじめ　かいけつゾロリ』の主人公のゾロリですが、彼は「いたずらの王者になること」が目標のお調子ものです。彼の決め台詞の時には、声の高さが右肩上がりになっていました（図3‐3上）。この声の調子から、彼のテンションが決め台詞の中でどんどん上がっていくのが伝わってきます。一方、かまめしどんは安定して高い声を保っています。かと思えば、ジャムおじさんの独特の喋り方は、句の末尾で声の高さが急激に上がるところにあります。分析したサンプルでは200Hzから540Hzへ急上昇していました（図3‐3下）。これらは山寺さんが全体的な高さの調整だけでなく、変化の仕方も自由自

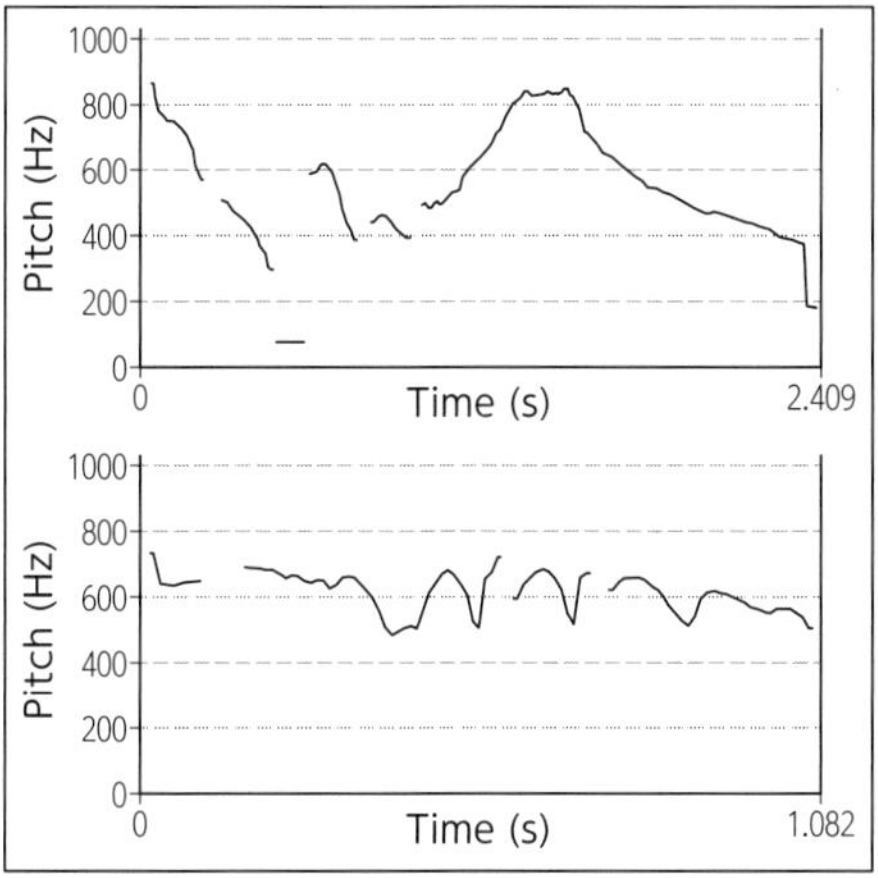

図3-1：チーズ（上）とPちゃん（下）の声の高さの比較

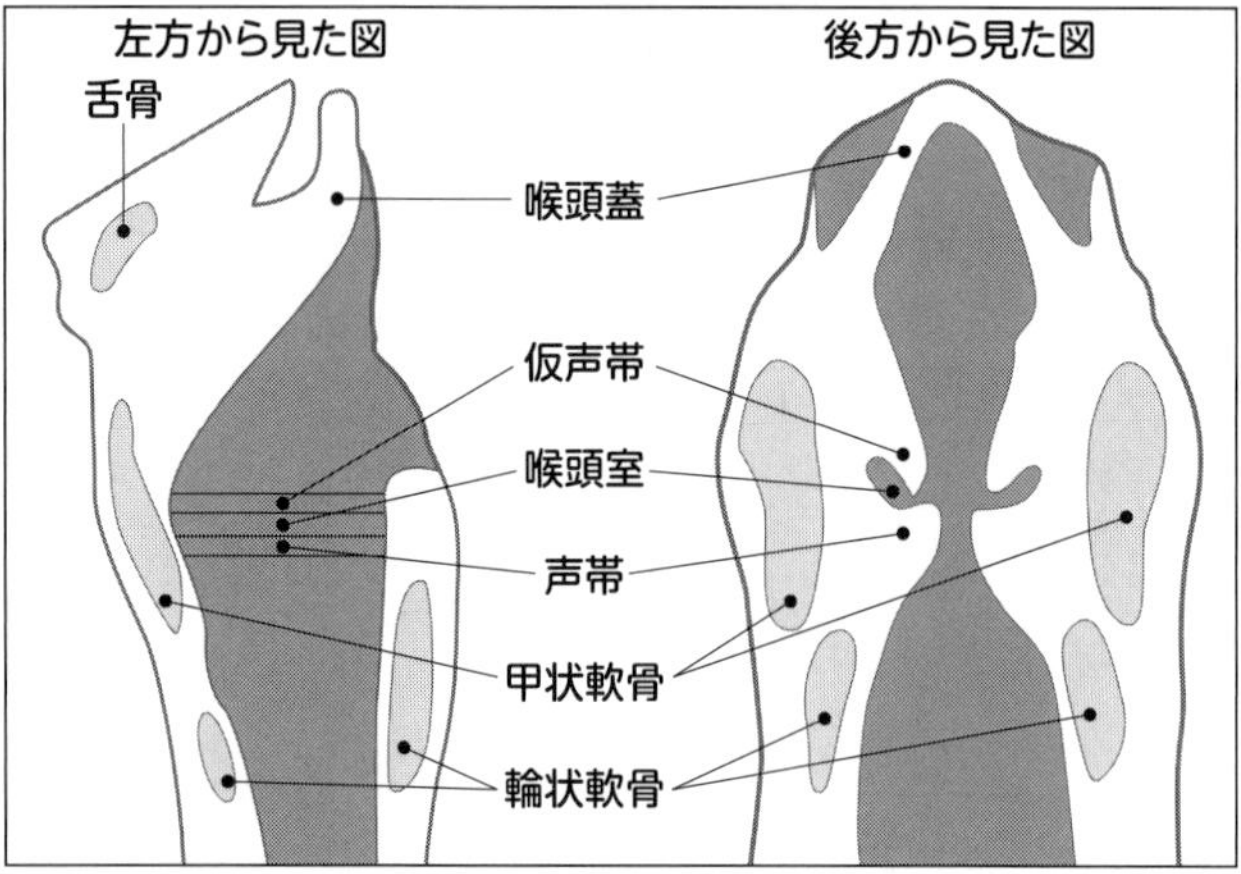

図3-2：声帯・仮声帯・喉頭蓋の位置。榊原（2015）[1]より作成。左図の横線は声帯と仮声帯の位置を示すための補助線

在に操っていることを意味します。つまり山寺さんは、声の高さを調整するための筋肉を非常に柔軟に動かしている。

次に、②の「使っている器官の種類の豊富さ」についてです。先ほども触れましたが、声帯の上には仮声帯と呼ばれるヒダが存在します（図3-2）。普通の会話では仮声帯を意識的にコントロールして発声する必要はないのですが、これを強く締めるといわゆる「ダミ声」になります。古い例かもしれませんが、イメージしやすいのが八百屋さんの客寄せの声。音楽の世界ではデスボイス唱法の中の「フォールスコードスクリーム」と呼ばれているようです。この声質が顕著に現れているのが銭形警部の声。それだけでなく、銭形警部の声の時に

は披裂《ひれつ》軟骨や披裂軟骨から喉頭蓋《こうとうがい》に繋がっている披裂喉頭蓋ヒダという部分も震わせて音を出しているかもしれません。[ii]

山寺さんの演じ分けを観察すると、喉頭という声帯が入っている器官の高さそのものも操っていることがわかります。地声を発しているときとカバおを演じているときを比較すると、カバおのときの方が喉頭が低い。これは山寺さんの喉仏の高さを外から見てもわかります。喉頭が下がると声の高さは下がりますし、声道（声帯から唇までの空間）も長くなるので、声道で共鳴する周波数も下がります。逆に『らんま1／2』の響良牙の声を出すときには、喉頭が高めです。これは声道を短くすることで、体の小ささを表現して、若々しさを演出しているのではないかと思います。

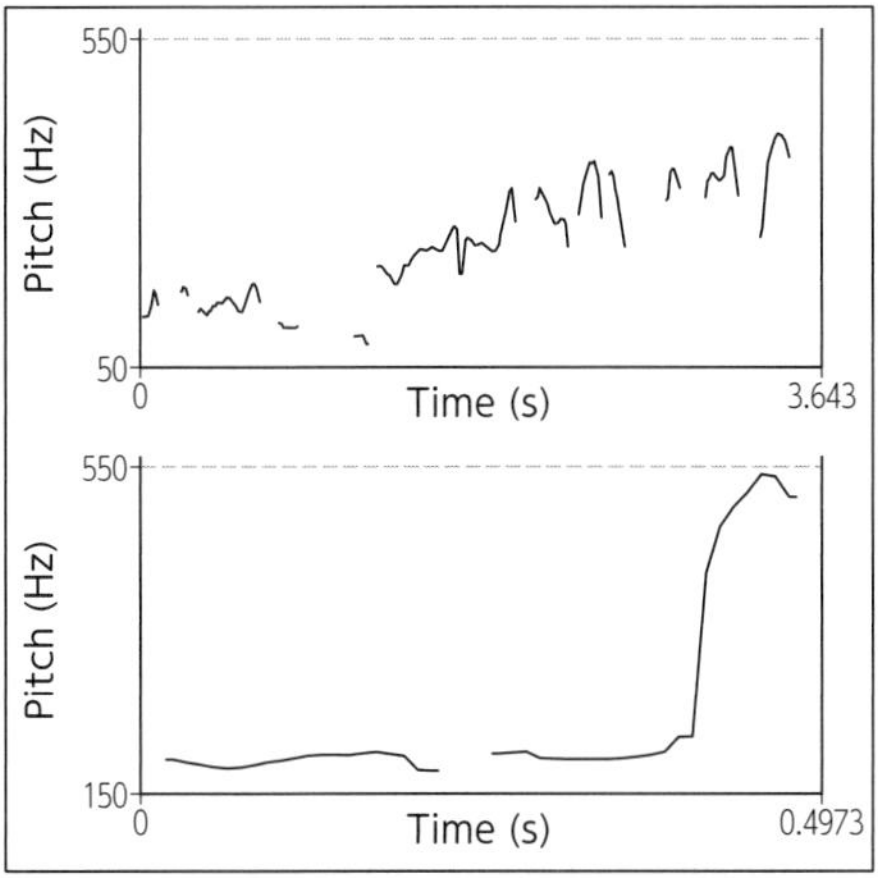

図3-3：ゾロリの右肩上がりの声（上）。ジャムおじさんの声に特徴的な句の末尾での声の上がり方（下）

山寺　後で具体的にお話ししたいんです

が、僕はキャラに声をつけていく際、そのキャラの外見を含めて「一体感」を重視しています。カバおは子どものキャラが多いアンパンマンの中では身体が大きい。だから声作りの段階で、アンパンマンの世界観にマッチさせた上でカバおらしい声を出すようにしました。逆に響良牙は高校生でバカ真面目で一本気なキャラ。だからまっすぐで若い声を出そうと心がけました。

川原　「一体感」については私もお話ししたいことがあるので、ぜひあとでもっと議論しましょう。操っている器官の豊富さについて続けると、山寺さんは口蓋帆《こうがいはん》という器官も絶妙にコントロールしています。口蓋帆は鼻から空気が流れるのを防ぐ弁で、一般の人も「な行」や「ま行」を発音するときにはこれを下げて、鼻から空気を流します（図3－4）。鼻をつまんで「あかさたなはまやらわ」と言うと、「な」と「ま」のところで変な感じがするのでわかると思います。口蓋帆は風邪を引いたときに腫れてしまうこともあって、そうすると完全に閉じなくなってしまいます。風邪を引いたときに鼻声になるのは、これが原因です。『タイムボカンシリーズ』の犬のキャラであるヤッターワンの声のときには、この口蓋帆を少しだけ下げて軽い鼻声になっています。これによって犬らしさが表現されている。以前登壇いただいた授業で鼻をつまんでヤッターワンの声を出してもらいましたが、やはり声が出しにくかった。このことからも、少し鼻から空気が抜けていることがわかります。

ただし、口蓋帆が完全に下がってしまうと「ま行」と「ば行」の区別や「な行」と「だ行」の区別がつかなくなってしまいますが、山寺さんの発声ではそうはならない。口蓋帆を絶妙にコントロールして、ある程度だけ下げながら演技してらっしゃるのでしょう。ジャムおじさんも同様です。人間は老いると口蓋帆の筋肉が衰えて、弁が完全に閉じなくなって全体的に鼻声になることがある。それを表現するために口蓋帆を少し下げています。

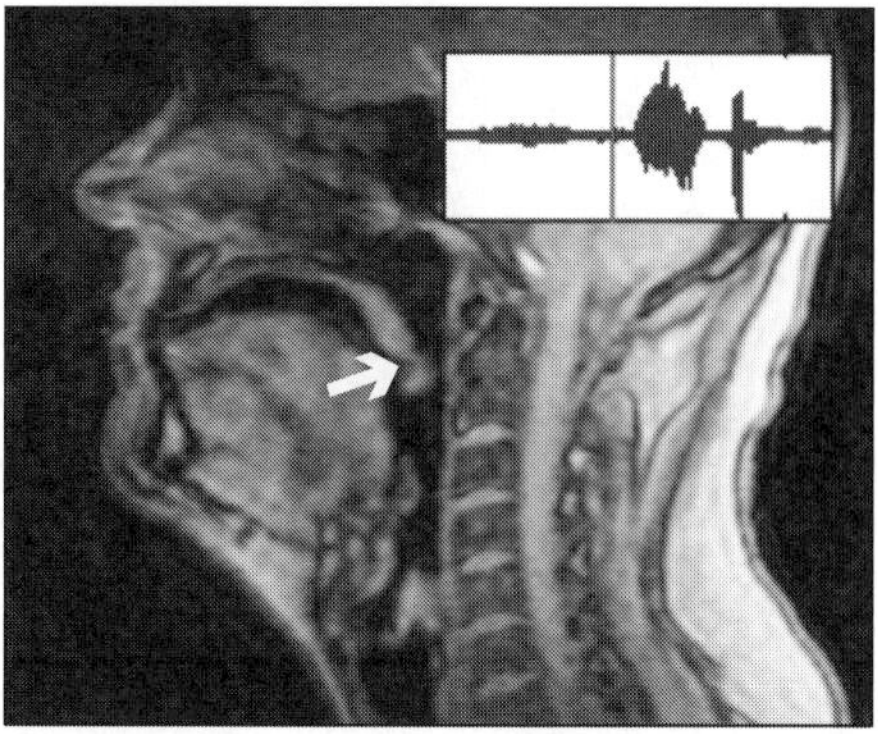

図3-4：口蓋帆が下がった様子をMRIで撮影したもの

このように、山寺さんは人間が声を出すときに使える器官をすべて使って表現しているように見えます。少なくとも、声帯・仮声帯・喉頭の位置・口蓋帆の高さを絶妙にコントロールしている。それに、それぞれの器官の動き方も幅が広い。山寺さんの声を分析すれば、「人間が出せる声の種類の限界」が見えてくるのではないかとすら思えてきます。

また、キャラクターの話すスピードもポイントです。頼れるお兄さん役である加持リョウジ（『新世紀エヴァンゲリオン』に登場する特務機関ネルフの諜報員）やジャムおじさんは比較的ゆっくり話します。特に加持は「間」の取り方もゆったりしています。逆に、いたずら者のゾロリは早口です。声量も役によって違っていて、加持リョウジは静かめに話しますが、ゾロリは声が大きめ。役によって調整している音声特徴を客観的に捉えてみると、話すスピードや声の大きさも演技の大切な要素だと痛感します。

最後に忘れてはいけないのが、③の演じる役の話し方の癖の捉え方、専門用語で言えば「音韻特徴《おんいんとくちょう》」です。音韻特徴というのは、それぞれの言語や方言の細かな音の特徴です。たとえば、かまめしどんは宮城方言で話していますが、この方言の特徴通り、「い」と「う」の区別が聞こえにくくなって、「じ」と「ず」がほとんど同じ音に聞こえます。それから、語中の阻害音が濁音になりやすい。ですから、「いちばん」が「いずばん」に聞こえます。

大事なのはキャラクターとの一体感

川原　このように音声学的に分析していくと気になってくるのが、山寺さんはアニメの登場人物に声を当てていく際、どうやってその役の特徴を作りあげていくのかということです。音声学者としては、役作りの結果としての音声を分析することはできるのですが、そこに至るまでの過程も知りたくなります。

山寺　原作漫画があればまずはそのキャラのデザインを確認して、顔や体つき、表情を細かく読み込みます。外見的な特徴は声作りのために重要な情報です。その上で、このキャラにはこんな声が合っているかな、とイメージを練りあげていく。そして最終的に固まった「理想像」に自分の声を近づけていきます。その際に気をつけているのは、無理をして不自然な声を作らないこと。自分のできる範囲で最大限、そのキャラの個性を引き出すことです。オーバーに作り込みすぎると作品を観ている人は途端に冷めてしまいます。

声作りをする上で大事なのはキャラのビジュアルと声の一体感です。「このキャラならばこの声しかありえない」というくらいまで登場人物と声のマッチングを考え抜きます。場合によってはあえてそのキャラの外見と声を一致させない「はずし」の手法もあるし、僕自身もときどき使うテクニックですが、それは例外です。

川原　山寺さんのおっしゃる「一体感」というのは、先ほどの音声学的な分析の観点からも納得できます。たとえばジャムおじさんの声。先ほども話しましたが、口蓋帆が少し下がって鼻声になるのは年をとった方の特徴です。ゆっくり喋るというのも、優しい老齢役のジャムおじさんにぴったり。カバおも喉頭を下げることや口を大きく開くことで体が大きい「カバらしさ」が表現されている。

この点に関して、私がすごいと思うのが響良牙です。良牙の声は明らかに若いんです。

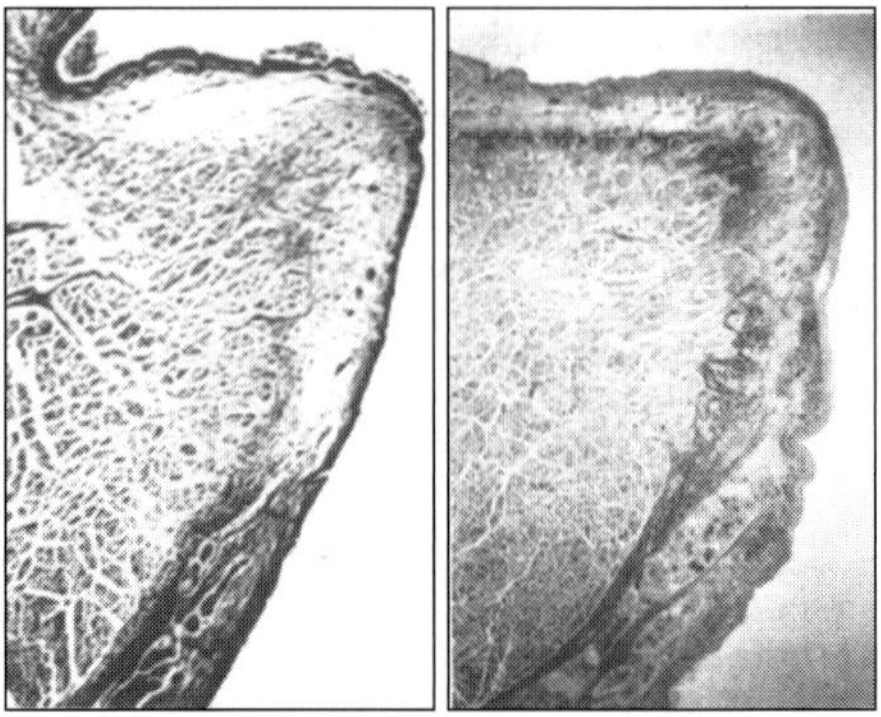

図3-5：4歳男子(左)と54歳男子(右)の声帯表面の比較。右図において声帯の表面が荒れているのがわかる。栗田(1988)[2]を元に作成

良牙は若い男の子ですから、ビジュアルと声を一致させるためには若い声を出さなければならない。しかし人間の声帯も年を取れば荒れてしまって、滑らかな声帯振動が起こらなくなる(図3－5)。簡単に言えば、声も年をとるわけです。山寺さんの地声だって若い人の声とは違うわけですよね。それなのに良牙の声を演じる時には「若返る」ことができる。喉頭を引き上げて声道を短くして若さを出す、話すスピードやイントネーションを若者っぽくするなどの方策をとっているのだとは思いますが、それにしてもやはり不思議です。ボイストレーナーの長塚さんは、「声帯も筋肉だから、しっかり使っていると老いにくい。山寺さんはふだんから声帯の筋トレをやっているようなものだから、声の若さを保てるのだ」とおっしゃっていました。

山寺　声の使い分けについては、自分の中では意識しているわけではないんです。で

すが、たとえば銭形警部にかんしては初代の声優・納谷悟朗《なやごろう》さん（1929～2013、83歳没）が長年務めていらっしゃいました。その納谷さんが作り上げた銭形像を壊さないようにしなければ、というのは気をつけています。あの渋さや荒っぽい雰囲気を含め、できる限り納谷さんの声色に近づけたい。それを表現するためにはどんな声の出し方をしたらいいんだろうと試行錯誤しました。ジャムおじさんの文の最後の方で声を高くあげるのも、初代声優の増岡弘《ますおかひろし》さん（1936～2020、83歳没）の演技の特徴を大事にしているわけです。

もちろんプロの声優として活動していく以上、オリジナリティのある、その人にしか出せない声を目指すのは当然です。でも音声表現は、僕の場合なによりもまず誰かのモノマネや声帯模写からのスタートでした。自分が面白いと興味をそそられた音を真似してみる。それがすべての始まりです。

川原　芸術表現が模倣から始まる、というのは大事なメッセージですね。我々は何か新しいものを作り出そうとするときに、過去にないまったく新しいものを創りださなければいけないという気持ちになりがちです。すると、どうしていいのかわからず、何もできないで終わってしまいがちです。「完全にオリジナルである必要はない」「最初は模倣で良い」と考えると、始めの一歩を踏み出しやすくなると思います。

小学校時代のモノマネ体験

川原　もともと山寺さんは、子どもの頃からアイドルのモノマネや生き物の鳴き声の模写に夢中になっていたと聞きます。

山寺　それは今でもずっとそうです。「あ、この声、この音は面白い！」と感じると、とにかく模写して、その声や音を自分で再現したくなります。声を使ったモノマネは道具がいりません。身体ひとつで、お金もかけずに始められます。ギターでもピアノでも、楽器を演奏しようとしたらまずモノ自体を用意しなくてはいけない。子どもにとっては大きな関門です。さらに楽譜も読めるようになる必要があるし、指遣いを覚えるのだって大変。教室に通うための費用だって必要になる。そういったものは小さい頃の僕にとってはハードルが高かった。その点、声はひとりですぐに始められる。その敷居の低さも魅力でした。

川原　基本的にめんどくさがりなんです。

川原　ことばを身につける能力は人間が生まれ持った能力ですから、それを使って遊ぶ、というのはお手頃です。山寺さんが声帯模写に惹かれたのは具体的にいつ頃からだったのでしょう。

山寺　小学校に入った頃からです。あの頃、『象印スターものまね大合戦』（1967～1977年、テレビ朝日）や『ものまね王座決定戦』（1973年～、フジテレビ）など、モノマネ番組が大人気だった。それを食い入るように観ていました。モノマネ番組の放送日は、朝から楽しみで楽しみで。それに、たまに演芸番組でも声帯模写の芸人さんが出たりすると、もう釘付けです。自分も同じような声や音を出せないかと真似しました。

川原　その頃からアニメ番組も観ていたのでしょうか。

山寺　もちろんです。アニメでいうと、藤子不二雄（のちの藤子不二雄Ａ）原作の『怪物くん』（１９６８〜１９６９年、ＴＢＳ）の主な登場キャラ全部を真似していました。キャラの声だけではなくて効果音も大好物でした。当時、ウルトラシリーズの第３弾となる『宇宙特撮シリーズ　キャプテンウルトラ』（１９６７年、ＴＢＳ）という特撮番組が放送されていました。実写のヒーローものだったんだけど、主人公が光線銃を撃つシーンがあるんです。その効果音にすっかり取り憑かれてしまって、「ビー！　ガー！」と暇さえあれば練習していました。そのほかにも覚えているのが『おらぁグズラだど』（１９６７〜１９６８年、フジテレビ系列）というアニメ。タツノコプロ制作の番組で、大平透《とおる》さん演じるグズラという怪獣が主人公だった。劇中、グズラが鉄を食べるシーンがあるんですが、その音が不思議でした。「ガァリッ、ゴォリッ、ムウッシャ」と、なんとも言えない金属的な響き。どうやったらあんな音が出せるだろうと研究しました。

川原　山寺さんの演技が人間の声にとどまらないのは、そのような経験があったからなんですね。山寺さんはキャラの声だけではなく、効果音まで自分の声で表現してしまいます。携帯電話のバイブ音やトランペットやホルンの音まで真似ることができる。『彼岸島X』というアニメは、山寺さんが50役こなしながらSEもやる、という半ば冗談のような番組でした。山寺さんにとっては人間の「声」と物理現象としての「音」の境界が曖昧なのではないか、と感じます。人間にとって、「声」は「音」の中でも特別で、知覚するときも違った処理のされ方をする、という理論が音声学の歴史の中で有力視され続けてきました。[3]でも、山寺さんにはこの理論はあてはまらなそうです。

山寺 人間の声に効果音、楽器の音とそれぞれカテゴリーは違うかもしれないけど、僕にとっては「面白い響きの音」という意味で、等しく魅力的なものです。そこに差はありません。単純に音の響きに心躍らされるから真似してみたくなる。要するに声は一番手っ取り早い「遊び道具」なんです。

川原 「声で遊ぶ」というのは味わい深いフレーズです。先ほど声帯模写は楽器を使わずにできるから良い、とおっしゃいました。でも考えようによっては、人間の身体はそれ自体が楽器です。声帯の状態を変えることで音の高さを調整できる。声帯や仮声帯の状態をコントロールすることで声色も変えることができる。そして声帯が作り出した音は口腔や鼻腔で共鳴するのですが、それらの形を変えることで共鳴のパターン、つまり鳴る音色も変えられる。人間というのは自分の身体を使って音の響きや音程を柔軟に操ることができる生物です。人間は「自分の身体」という楽器をすでに持っているし、それは驚くべきポテンシャルを持っています。

自分の声を好きになるために

川原　「声で遊ぶ」というキーワードに関わる問題で、研究活動を続ける中で「自分の声が嫌いだ」と悩む人によく出会います。これまで一緒に仕事をしてきた声優さんやアナウンサーさんですら自分の声に対して劣等感を抱いている人がいる。

　具体的な話をしますと、私はＡＬＳ（筋萎縮性側索硬化症）などの神経性難病の患者さんの声を録音しておいて、気管切開して自分の声を失ったあとも自分の声で介護者とコミュニケーションをとり続けられる「マイボイス」というプロジェクトをお手伝いしていました。[4]大学生たちに「自分の声の大切さ」ということも考えてほしいので、このプロジェクトは今でも授業で紹介しています。この授業についてレポートを書かせると、そもそも自分の声に自信が持てないという悩みを打ち明けてくる学生が少なくない。当然ですが、実際にその学生たちと話していても彼ら・彼女らの声が変だと感じることはありません。それでも本人たちは自分の声にコンプレックスを持っている。そんな学生は、授業での発表や就職活動でも、うまく喋れないと悩んでいることが多い。もっと自分の声を肯定して、前向きな使い方を意識できれば、そんな悩みの解消に繋がるのかもしれないと思います。

山寺　たしかにこの仕事をしている同業者にも、自分の声が好きじゃないという人はいます。でも、自分の声の特徴がそのままその人の魅力になるケースだってたくさんある。たとえば歌手の八代亜紀さんは、小さな頃からハスキーで変な声だと言われることがあったといいます。ところが、八代さんの声は彼女を特徴づける上で、とてつもない武器になっています。

　それに、声は訓練次第である程度コントロールすることだってできます。まずは自分の声を肯定してあげる。その上で、あの音を真似してみよう、この音を真似してみようと自由に遊んでみる。そうするうちに自分の声に対しての否定的な考え方も変わってくるのかなと感じます。

川原　音声学者としては、どんな声も素敵だと肯定したい気持ちがあります。そして声の良し悪しも捉えかた次第だな、と感じることも少なくありません。たとえば八代亜紀さんのハスキーボイスですが、悪い言い方をすれば「かすれた」声です。声帯の表面が荒れてしまったり、ポリープができたりすると、左右の声帯がしっかりと閉じなくなって、声を出すときに空気が漏れてしまう。そんなハスキーボイスを「声帯がスムーズに振動していないかすれ声」とネガティブに捉えることもたしかに可能です。

一方で、ハスキーボイスを魅力的に感じることがあるのも事実で、八代亜紀さんの声は、テレビの前のお父さんたちを魅了した、というエピソードを聞きました。このエピソードは生物学的にも自然なことなのかもしれない。というのも、妊娠しやすい時期（つまり、排卵期）の女性は声帯に粘液が分泌され、ハスキーボイスっぽくなることがある。人間の男性もオスですから、生物学的にそんなハスキーボイスに惹かれるのは自然なことです。つまりハスキーボイスにはハスキーボイスの魅力がある。[iii]

それと、山寺さんの声帯模写についてはひとつ声を大にして主張しておきたいことがあります。よく山寺さんのモノマネを見た人が「耳がいいからいろんな音を聞き分けられるんだ。その能力が大事なんだ」と言います。他の音声学者とも話し合ったことがあるんですが、私たちはみんな、その意見に違和感を抱いている。もちろん、山寺さんの耳がいいのは間違いないと思います。ただ、それはあくまで声帯模写をする上での「必要条件」であって「十分条件」ではない。聞き分けだけなら、一般人でもできるわけです。だって山寺さんが色々な声を演じられることは我々も簡単に認識できるんですから。

山寺さんが本当に凄いのは、聞き分けたものを自分の中で理解し咀嚼《そしゃく》して、音声として再構成する力です。その大元にあるのは、真似したいと思った音を分析する鋭い観察眼。

なにかを模倣して自分のものにする際には、まず対象をしっかりと受け止めて理解するという姿勢が大事。そして、それを自分自身でやってみる実行力。先ほど、演技はモノマネが根幹にあるとおっしゃっていましたが、「自分自身で実際に試してみる」というのが重要なんだと思います。こういう態度は「学び」という文脈において大事なことです。

エヴァンゲリオンでの「間」の取り方

川原　山寺さんは声の出し方だけではなく、声を出さない「間《ま》」の使い方の名手でもあります。セリフとセリフを繋ぐ絶妙な「間」。それを効果的に使うことでキャラの感情がより説得力を増して伝わってくる。たとえば『新世紀エヴァンゲリオン』でも、山寺さんが担当した加持リョウジはセリフとセリフの間に沈黙が流れるシーンが多い。それがまた味わい深い余韻になっています。

山寺　それは制作側だった庵野秀明《あんのひであき》さんたちの演出がすごいんです。日本のアニメの場合、映像が先に出来上がっていて声優が後から声を入れていく。だから声入れの際には担当するキャラが画面に映り、口を動かしているうちにセリフを言い終える必要があります。でもエヴァンゲリオンはキャラの表情が映らず、声だけが流れる「オフ」と言われるシーンが多い。「オフ」のシーンではキャラの顔が出ないので、比較的自由に声入れをすることができます。つまり自分の「間」でセリフを入れられる。たとえばエヴァンゲリオンでは、加持と葛城ミサトのラブシーンがあります。インパクトのある場面なので覚えている方も多いかもしれませんね。あのシーンではお互いの顔はあまり映っておらず、手や背景がメインになっています。収録では、その映像をもとにして、ふたりのセリフを入れていった。キャラの顔の動きに声入れを制限されないから、かなり自由度が高かったことを覚えています。

川原　声優としては「オフ」の場面のほうがやりやすいものなのでしょうか。

山寺　そうですね。ある意味でラジオドラマや朗読劇に近い感覚でした。とはいえキャラの口の動きに影響されず自分たちの「間」でやることになるので、逆に声優の力量がはっきりと出てしまう。その意味での怖さもあります。

声優という仕事の本質

川原　少し抽象的な質問になりますが、声優という仕事は作品に登場するキャラに自分の声を当てて、その世界観を具体化したり奥行きを持たせるものだと思います。そんな声優の仕事において一番大切なこと、山寺さんが心がけているものとは何でしょうか。

山寺　それは難しくて、そして本質的な問いだと思います。もちろん世の中にはありとあらゆる作品があるし、声優はそれに応じて色々な声の演技を求められる。その結果、様々なバリエーションの声を使い分けることになります。でも、それはあくまで結果であって目的ではない。声優にとって一番大事なのは自分の声を通してキャラの感情を視聴者に伝えること。最終的にはこれに尽きると考えています。

もちろん声には、生活のためや生きるために必要な情報を伝えるという側面もある。情報の伝達です。けれど、それ以上に声は感情の伝達手段として優れていると思うんです。まず先に「怒る」「悲しむ」「甘える」といった様々な感情がある。人はそれを伝えるために声のトーンや出し方、声量を変化させます。たとえば怒っているときには声が低くなる傾向がある。声を低くすることで、相手に対して「自分は怒っているんだ」というメッセージを込めて発信します。このように人間はどういう声を出したら相手がどのように受け取るかを無意識のうちに考えている。

川原　感情は声に乗って伝わる。たしかに情報伝達という観点からは文字だけですむかもしれない。昔は対面や電話で話していたことをメールなどの文字媒体で済ませてしまいがちな時代です。しかし、人間同士がコミュニケーションをする上では、文字だけでは伝わらないものがある。「嬉しいけど悲しい」というように矛盾するような感情も人間は持つわけです。でも、感情には豊かで本質的なメッセージが詰め込まれている。言語学ではそれを「論理的な意味としては捉えられない意味」と捉えています（209ページ）。私たちは、そういう白黒がはっきりとはつかない意味をもっと自覚して大事にしていくべきなのかもしれない。

山寺　そう思います。僕は数値化できる周波数などでは表せない人間の感情や魂のようなものを表現したくて声優を続けているんです。

川原　声は、そういった捉えるのが難しい「感情のヒダ」のようなものを伝えることができる。声の高低を調節したり、話すスピードを変化させたり。さらにはあえて沈黙の時間を作って「間」をとってみるなど、人間が感情を伝えるために使える方法は思っている以上に幅広い。

山寺　言葉自体のチョイスも大事だけれど、発声のニュアンスも重要です。どういったニュアンス、言い方で言葉を伝えるかで、受け取り手の印象が変わってくる。それは声優業をしていて痛感します。

川原　おっしゃる通りだと思います。最近、「語彙力」というキーワードがあたかも言語能力の中枢のように語られることがあります。語彙力さえ高めればコミュニケーション能力が上がる、といった風潮さえある。もちろん語彙力は大切です。しかし、どのような文章を組み立てるのか、そして、その文をどのように発音するかも同様に大切だということを忘れてはいけない。語彙力は、あくまで表現力の一部分です。

山寺　自分の声をどうやって使い、どう感情を相手に伝えるか。話が飛躍するようですが、それは声優や役者だけではなく、もっと政治家などの公人も身につけるべき技術のように感じます。

川原　公共の場でどのように話すかという技法は英語で「パブリックスピーキングスキル」と言います。大勢の人たちに向けて話すには、具体的にどのような点に注意したらいいのか、英語圏ではしっかりとしたノウハウの積み重ねがある。私もアメリカの大学院で勉強していたときに、カリキュラムの一環として、学会発表など公の場でどのような話し方が求められているのかを学びましたし、実際に練習を積む機会も多かった。その技術は日本に帰ってきて講演会などで話すときにも役立っていると感じます。Facebookの創始者であるマーク・ザッカーバーグとAppleの共同創業者のスティーブ・ジョブズの講演を音声学的に比較して、どのような音響特徴がカリスマ性に繋がっているのかを探究した研究もあります。[6] 一方、日本ではこういう概念はあまり浸透していないように感じます。

　この技術が悪用されて政治家が民衆を煽動するテクニックとして利用されてしまうのは問題です。しかし、自分が本当に言いたいことがどれだけ受け手に伝わるかは、自分の声や言葉の使い方に影響されることとなんだ、ということはもっと多くの人が意識していいことだと思います。「声の身だしなみ」とでも呼べる心構えです。

山寺　そうですね。話し方や伝え方を意識するのは声優や政治家だけではなく、どんな人にとっても大事なことです。

川原　もちろん誰もが「声優・山寺宏一」レベルに到達できるわけではありません。でも、この感情はこういうふうに表現すると相手に上手く伝わる、ということを自覚するだけでコミュニケーションの質は格段に変わると思います。人間関係にしても、声の出し方を意識するだけで好転するケースがたくさんあるのではないでしょうか。

山寺　たとえばお店で料理が出てきたときに使う「ありがとう」という言葉でも、言い方ひとつで印象が変わります。つっけんどんに言うのと、相手の目を見て丁寧に「ありがとう」というのとではやっぱり違う。わざとらしく演技しろとは言わないけれど、ちょっとした発声の工夫で関係性は変わる。人間はコミュニケーションする上で、相手の表情を含めて非常に細かいことまで受け取れるようにできています。眉毛1㎜の動きや口元の上がり下がりでも感情の変化がわかる。声色なんて、その最たるものです。

川原　長塚さんが強調していることですが、口角を上げて話すだけで明るい口調になる。逆に口角が下がるとだれた印象を与えてしまう。それに、人間は緊張すると早口になりがちなんだけれど、ゆっくりとした口調の方が聞き手も安心するし、言いたいことも伝わりやすい。この二点を意識するだけでも、かなり違う。長塚さんには定期的に授業にも来てもらうのですが、就職活動中の学生にとってはすぐに実践できる有用なアドバイスです。

山寺さんは、ご自身が出演している作品を聞き返すことで常に自分の声を捉え直しています。自分自身の声に対して常にフィードバックをもらっているわけですし、自分のどんな話し方が聞き手にどのように作用するのか意識する場面が人よりも多いかと思います。友人のアナウンサーは自分の声を録音して聞き返すことで、自分の声を見つめなおす作業を大事にしていると言っていました。録音を家族に聞いてもらって、どのような話し方がどのような印象を与えるのかを常に考えているそうです。一般人がそこまでする必要はないですが、自分の話し方を客観的にみつめる大切さは再認識しても損にはならないかもしれません。

声優の「ガンダム理論」

川原　冒頭でも触れましたが、山寺さんは「七色の声」を持つといわれるほど多彩な声をお持ちです。声優という仕事は様々なバリエーションの声を使い分けられてこそプロだとお考えでしょうか。

山寺　これもまた難しい質問です。声色のバリエーションは多くはないけれど、その代わりに強烈な個性を持っていて様々な仕事をこなしている声優はいます。そういう人は持って生まれた演技力や声の説得力があるわけです。喩えて言えば、ひとつの彫刻刀だけを使って素晴らしい芸術作品を生み出すような人です。自分はこの刀だけを何十年も使っていますよ、不器用かもしれないけど下手なものは絶対に出しませんよ、というタイプ。そういうふうに自分の個性を前面に出して売れている人は本当にたいしたものだと思います。上面《うわつら》だけの小手先の技術に頼った声優よりもずっと凄みがある。

川原 私からすると、状況に応じて色々な彫刻刀を使い分けられる人も同じように凄いと思います。それだけいろんなバリエーションの芸術作品を作り出せるわけですから。もちろん、これは演じ分けということに音声学的に興味をもっている私の個人的な意見ではありますが。

山寺 それと関連して言えば、最近、声優とはどんな仕事なんだろうとあらためて考える機会があったんです。そんなとき、ピンとくる喩えが思い浮かびました。それはずばり、「ガンダム理論」です。いきなり「ガンダム理論」と言われても、読者の方はポカンとしてしまうかもしれません。これは要するに、声優というのはアニメ『機動戦士ガンダム』の主人公アムロ・レイのようなものだ、ということです。アムロは劇中、パイロットとしてモビルスーツを乗りこなします。これと同じように声優は「キャラクター」というモビルスーツに乗って、そのキャラクターに声で命を吹き込む。自分の技量次第でモビルスーツを活かしも殺しもします。そしてパイロット（声優）は次にどんなモビルスーツ（キャラクター）に乗ることになるかわからない。だからこそ常にどんなタイプにも対応できる操縦技術を養っておかなければいけない。パワー型、繊細型、癒し系もあるかもしれません。どんな型も乗りこなせるのが理想系であり、僕の思い描くプロの姿です。

川原 声優はモビルスーツのパイロットと同じ。なるほど、とてもわかりやすいです。

山寺 映画やドラマの役者は特定の役を演じるときも、基本的に外見は自分のままです。外見はそのままで劇中の役に憑依する。その点、声優は違います。姿形もまったく自分自身とは異なるキャラクター、場合によっては人間ですらないものを演じるわけです。それはまさにロボットに乗っているような感覚に近い。

川原 今のお話を聞いて、俵さんとの対談の中で出てきた「制約は創造の母である」というフレーズが頭をよぎりました（61ページ）。人は制約があるからこそ、何かを生み出すことができる。ルールがなく、なんでもいいという状況では、かえって創造的な活動はできない。この言葉はレオナルド・ダ・ヴィンチを筆頭に、様々な創作に関わる芸術家たちが残しています。俵さんも五・七・五・七・七という制約のおかげで安心して創作ができるとおっしゃっています。声優としての技術も、キャラという条件・制約があるからこそ新しい表現方法を模索して、進化していくものなのかもしれません。

山寺　それはあると思います。与えられた役を百パーセント表現しきろうとする中で、自分でも想像もしなかったところまで辿り着けることがある。「役」という制約が自分の新しい可能性を引き出してくれるんです。

川原　歌人と声優という、別々の分野の声のプロが同じような感覚を持っているというのは興味深いです。「ガンダム理論」は、声優でない一般人にも有用な考え方かもしれません。というのも、我々は、社会で生活する上で色々な顔を持っているわけじゃないですか。私だって、親としての川原繁人、夫としての川原繁人、大学教員としての川原繁人、色々なモビルスーツに乗らないといけないわけです。外見は川原繁人のままですから、そこは声優さんとは異なるかもしれませんが。ともあれ、それぞれのモビルスーツに適した声や話し方があるという気付きは、とても重要なヒントになるのではないかと感じました。相手によって話し方を変えるというのは、誰しも無意識にある程度はやっているでしょうが、明確に「ガンダム理論」という名前をつけて意識してみると、また理解が深まるのではないかと。

ぱっと思いついた例は、赤ちゃんに対して話し方を変えるのが苦手なお父さんたちですね。お母さんたちは赤ちゃんに対して自然に話し方や声の高さを変えられて、その話し方は言語習得に重要な役割を担っている。[7] でも、私の個人的な経験ですが、お父さんたちの中には恥ずかしがってそれができない人もいる。そこでお父さんというモビルスーツを着て赤ちゃんたちが聞き心地よい声を発してみる、という発想は役に立つかもしれませんね。

吹き替えの難しさ

川原　山寺さんはこれまで、海外映画の吹き替え版も数多くこなされてきました。たとえばディズニー映画の『アラジン』や『ジェミニマン』ではウィル・スミスの声を、『マスク』や『ソニック・ザ・ムービー』ではジム・キャリーの声を担当しています。吹き替えの際に意識していることは何でしょうか。

山寺　最初に意識するのはオリジナルの役者との一体感です。たとえば、ウィル・スミスの声は『インデペンデンス・デイ』で初めて担当しました。当初、彼の写真をみたとき身体は大きいけれど顔つきは愛嬌があるので、高めの声を想定していたんです。ところが地声を聞いて、その野太さに驚きました。そこから彼の実際の声に少しでも近づけて一体感を出すため、太い声を出すように方向転換しました。

川原　外見との一体感だけでなく、もとの役者の声との一体感も重要視されている、ということですね。これは音声学的な分析をしていたときに、「まさに！」と感じた点と一致します。山寺さんの吹き替えで印象的なのが、ジム・キャリーが主演を務めている『マスク』の「パーティータイム！」というセリフでした。あのシーンで、山寺さんは「パーティー」の[p]と「タイム」の[t]の破裂を強く発音して、破裂のあとも空気を多く流して発音しています。音声学ではこれを「帯気《たいき》」と呼びます。[8] 帯気は英語話者が[p]や[t]といった無声破裂音を発音するときに自然に出すのですが、日本語では、これがあまり起こりません。少なくとも英語の帯気の方が強い。その英語らしい帯気を真似ることで、吹き替えのジム・キャリーは日本語で話しているんだけど、話し方に英語っぽさが残る。結果として、まるでジム・キャリー本人が日本語を喋っているように聞こえる。だから吹き替えなのに違和感を感じないのでしょう。音声学的な観点からも見事だと思います。

山寺　あれは極限まで本人の喋り方に近づけました。今でもよくやるんですが、吹き替えをするとき、練習の段階でその役者の喋り方を英語のまま何度も真似るんです。役者のクセを知るためにオリジナルの英語のセリフをそのまま模写してみる。そうすると少しずつ役者のリズムが身体に染み込んでくる。

川原　本人の英語を真似してみて、その発話の特徴を日本語のセリフに溶け込ませているということでしょうか。

山寺　そうです。たとえばエディ・マーフィーが「Don't touch me!」というセリフを放つとします。その「ドンタッチミー！」という抑揚を真似して体に覚え込ませるんです。そのノリを日本語のセリフ「さわるんじゃねェ〜！」にそのまま移植させる。そうすると俳優と吹き替えとの「一体感」が出てきます。結果的に映画の中での役者の細かな表情にもマッチするし、彼らの息遣いや勢いも殺さずに吹き替えられる。

吹き替えのタイミングをどう合わせるか

川原　もうひとつ山寺さんが吹き替えをしている映画を観ていて感動するのが、タイミングの合わせ方です。吹き替え映画は、当たり前ですがオリジナル版の映像が先にある。役者がセリフを話す時間はすでに固まっていて、そこを吹き替え版用に変えることはできない。その尺に合わせて、吹き替えのセリフを自然な形で収めなければいけない。山寺さんの吹き替えを聞いていると、声質はもちろん発声のタイミングも計算し尽くしている。

山寺　吹き替え版は、すでにそれ用の台本があって日本語のセリフも決まっています。その時点である程度はオリジナルの尺を考慮してセリフの長短が調整されている。ぴったりとハマるセリフになっているのは、翻訳家の台本の書き方が上手なんです。

とはいえ、もちろん翻訳家によって癖があるし特徴はあります。尺の中に畳み掛けるように日本語のセリフを入れる人もいるし、比較的ゆったりとセリフを入れる人もいる。

川原　ちなみに、山寺さんはどちらのタイプの翻訳家がやりやすいですか。

山寺　僕は畳み掛ける方が好きです。ゆったりしたセリフは難しいんです。「間」を上手く取らないと不自然になるし、嘘くさくなってしまう。できる限りオリジナル版のノリやテンポに合わせたい。'23年に公開された映画『ザ・フラッシュ』。あの映画ではバットマンの吹き替えを担当しているんですが、あれは悩ましかった。劇中、オリジナル版ではバットマンが「I'm Batman」と言っている場面があります。それに対して吹き替え版では「私はバットマンだ」というセリフを入れている。これは収録現場で悩みました。「私はバットマンだ」よりも「私がバットマン」のほうがいいかもしれない。はたまた「バットマン」とひと言入れるだけの方がしっくりくるのかもしれない。いくつかのパターンで声入れをして一番ふさわしいものを採用してもらいました。

こんなときに現実的な解決策としてよく使うのが、とにかくセリフの最後のタイミングを合わせること。途中は多少オリジナルのセリフとタイミングが合わなくても、最後がバシッと合っていれば不思議と自然に聞こえるものなんです。最後のタイミングを合わせてシンクロ感を出すのは、吹き替え作品では重要な技術です。

川原　「終わり良ければすべて良し」ですね。数々の現場を経験してきた声優さんだからこその経験則なのでしょう。単語を知覚する上で、最初と最後が大事というのは間違いありません。[9,iv] セリフの出だしは合わせやすいでしょうから、最後を意識的に合わせることによって、最初と最後がぴったりはまって、それが良い結果に繋がるのかもしれません。

山寺　それと、もちろん収録ですから最終的にはスタッフさんが編集でバシっと合わせてくれています。

こんなに苦労してやっている吹き替えですが、なかなか日の目を見ない。日本ではアニメ声優の方がみんなに賞賛されて、もてはやされ、スターになる。僕は両方やらせていただいているけれど、吹き替えの世界にもすごい人はたくさんいるんです。世間では名前を知られていないけど、非常に高い技術を磨き続けている人だっている。もっと吹き替えの声優さんたちにも注目してもらいたいと願っています。

声優からみた日本語と英語の違い

川原　声優からみた日本語と英語の違いについてもお聞きしたいです。以前お話ししたときに、山寺さんはハリウッド映画の吹き替えをするときに、英語は日本語よりも「表現の幅」が広いから、その広い表現の幅を日本語に馴染ませるのに苦労した、とおっしゃっていました。

山寺　言葉のイントネーションもそうなんですが、身振り手振りを含めて欧米人は日本人の感覚からするとオーバーに感じることがある。その分、彼らの感情表現は豊かだと感じます。英語だけではなく、中国語もそうです。英語や中国語は間延びせず畳み掛けるように話されるから、吹き替えのときにどうやって日本語を馴染ませるのか悩むことがあります。言語学的に見て、日本語は英語や中国語と比べて抑揚やイントネーションが弱い、ということはあるんでしょうか。

川原　たしかに中国語は声調言語（音節ごとの音の高さによって単語の意味が変化しうる言語）なので、音程的にはかなり変化があります。とはいえ日本語が他の言語と比べて抑揚がないかと言われれば、そんなことはないかな、というのが率直な意見です。日本語にも東京方言を含めて多くの方言で、それぞれの単語に高低アクセントがありますから、声の高さは変化します。それに疑問文や命令文などでは、イントネーションが変わりますし、イントネーションの微妙な動きで意味が変わったりもする。[10] ですから日本語のイントネーションは抑揚が特に少ない、と考える言語学的な根拠はないと思います。ただし、英語と比較すると、英語は強弱ストレス言語なので、強く発音される部分と弱く発音される部分がはっきりと違って、日本語にはそのような強弱の抑揚はあまりはっきり出てこない。Mummy-D さんは、英語と比べると日本語がたおやかに聞こえる、とおっしゃっていました（90ページ）。

ただ、今、山寺さんのお話を聞いていてふと思ったのが、日本語は英語や中国語に比べて喋り方の多様性が少ないのでは、という可能性が思い浮かびました。簡単に言えば、みんな話し方が似ている、ということです。まず、第一に方言の多様性が日本ではあまり大事にされていない。「共通語」と呼ばれている東京方言が基本で、他の方言を話すと「なまっている」とされてしまう。最近は少し改善されてきましたが、メディアから聞こえてくるのも、ほとんどが東京方言か関西方言。これは東北出身の妻が指摘していたことですが、アニメでも関西弁キャラは比較的多いのですが、その他の方言を話すキャラは少ないんです。東北方言だとかまめしどんや『ドラゴンボール』のチチがいますが、やはり数は多くない。

それに対して、アメリカでは地方によって色々な方言が話されているし、ラテン系の人が話す英語、インド系の人が話す英語、アフリカ系の人が話す英語など様々です。それだけでなく、世界中からの移民がいろいろな第二言語としての英語を話しています。私自身、アメリカで暮らしていたときにいろいろな英語があるんだな、と実感することが多かった。ハリウッド俳優たちは小さいときから、そういった言語の多様性に触れている。すると小さな頃から自然と色々な音に触れて育つわけですから、それだけ音を使った表現方法の幅が広くなる、と考えてもおかしくはないのかな、と。

それに対して、日本人は言語に対して画一的でありすぎる印象があります。私の娘を見ていて感じたんですが、国語の授業で朗読するときに、すでに教える側に「正解の朗読」のようなものが想定されていて、みんなそれに沿って朗読をする。自分の好きな箇所を強調したり、自分なりの朗読を工夫するのはあまり推奨されていないそうです。いわゆる「ザ・朗読」というものがあって、それに近づけるように練習する。その結果、文章の読み方や喋り方が平均化されていってしまうのかもしれません。俵さんが、自分の方言にコンプレックスを持っていて、標準語で吹き込まれた読み聞かせCDを使っているお母さんのお話をなさっていましたが、まさに同じ問題です（70ページ）。

私としては子どもにはもっと自分の気持ちの赴くまま自由に文章を読んでもらって、声を出す楽しさを発見してほしい。その意味ではもったいなく感じるし、そんな風潮が山寺さんのいう日本語の「表現力の狭さ」にも繋がっている可能性は否定できないと思います。

山寺　僕も、文章はみんなが思い思いの方法で読んでみたらいいと考えています。その方がそれぞれの朗読の仕方に違いが出て、新しい「気付き」にも繋がりますから。

川原　俵さんや川添さんとお話ししたときにも話題になりましたが、やはり言語の多様性に対する寛容さが大事なんですね（70〜72ページ、220ページ）。色々な方言がある。色々な話し方がある。色々な表現方法がある。正解をひとつに定めないで、色々試してみることで、表現力が豊かになる。山寺さんとお話ししていると、このことの大切さを改めて認識させられます。

ドナルドダックの声にはどうやって辿り着いたか

川原　山寺さんの吹き替えといえば、ディズニーのドナルドダックの声を担当していることでも知られています。あの有名な「グワワワワッ」という特徴的なダックボイスは、一度聞いたら忘れられません。人間の声なんだけれども人間の声ではないような音です。山寺さんはどのような経緯でドナルドダックの声を担当することになったのでしょうか。

山寺　そもそもドナルドのダックボイスは初代の声優のクラレンス・ナッシュが編み出した声です。声帯を使わず、頬から息を出すことでアヒルのような声を表現しています。ナッシュの死後、トニー・アンセルモ、ダニエル・ロスに受け継がれていきました。

30年ほど前にディズニーアニメーションの代表的なキャラクターであるミッキー、ミニー、ドナルド、デイジー、グーフィーの声に関して、全世界統一基準を作ろうということになったんです。つまり吹き替えもオリジナルに限りなく近い声にしようと。日本においても各キャラクターのオーディションが行われ、僕はドナルドを受ける事になりました。たまたま友人に教わってダックボイスの鳴き声だけは出来たので「君しかいない！」となったのですが、ダックボイスでは日本語がまったく喋れない。そこから寝ても覚めてもドナルドの練習に明け暮れ、3ヵ月後、6回目のボイステストでやっとギリギリ合格をいただきました。ダックボイスで日本語を話すのは本当に難しく、30年近く経った今でも苦戦しながら頑張っています。

川原　あの声の発声方法は本当に謎ですよ。ただの動物の鳴き声の真似ではなくて、日本語として何を言っているかはわかる。音声学者としては、どうやってあんな声を出しているのか、それこそ解剖して研究してみたいところです。

AIは感情を表現できるのか

川原　次に声とAIとの関係、人工知能と音声表現の今後について議論したいです。たとえば現在、人工知能に原稿読みを任せる「AIアナウンサー」が広まってきている。NHKでもニュースの読み上げにAIを使うことが増えてきました。これはアニメや映画の世界も無関係ではありえないと思います。今後、声優の世界にもAIがどんどん流入してくるんじゃないかと思うんです。現時点ではどのような状況になっていますか？

山寺　声優の世界でも、すでにAIを使った合成音声サービスが始まっています。そのサービスを使えば、登録された特定の声優の声でどんな原稿も読みあげることができる。本を朗読してオーディオブックとして完成させることも可能です。これには利点もあって、たとえば生身の声優が何百ページもある取扱説明書を一冊読み上げるのは大変だけど、ＡＩならすぐにできます。声優の声の権利を守りながらそれを「商品」として売り出すサービスは、これからどんどん増えていくだろうと予想しています。

川原　これは川添さんがおっしゃっていたことですが、現時点ではＡＩでは、発せられる音は、その背後にある感情とリンクしていない（２１３ページ）。生身の私たちがまだ「感情とは何か」を完全に理解できていないから、機械にそれを教えようとするのも難しいだろう、と。この対談で声優という仕事の本質は「感情の表現」だという話が出ました。そう考えるとＡＩに文章を読ませることは可能かもしれないけれど、本質的な感情表現の部分では人間のようにはいかないのではないかと思います。

山寺　膨大なデータやパターンを覚え込ませれば、ＡＩの感情表現というのも「それっぽく」なっていくのかもしれません。でも、その「それっぽさ」がどこまで真に迫ったものなのかは未知数です。先ほども言いましたが、人間はもともと繊細な声色の変化を聞き分けてコミュニケーションしている高感度な生き物です。ＡＩが完全に感情を表現するために求められるハードルの高さとそれに伴うコストを考えると、逆に人間がやってしまったほうが早い、とも考えられる。ＡＩで人間の感情を完全に再現しようとするのは、かえって割に合わないのかもしれません。

人はデータ化することができない豊かな感情を声に織り込ませることができます。それはある意味で私たちが私たちであることを示す大事な能力のひとつなのではないでしょうか。人間が人間であることの「鍵」だ、とも言い換えられるかもしれません。もちろん聴覚障害を持っている方々は、彼ら・彼女らの表現方法がある、という認識の上での話ですが。

川原　その言葉を山寺さんから聞けたのは、音声学者として嬉しい限りです。40年近くにわたって声で感情を表現する活動をされてきた方ですから、その言葉は重たいし説得力があります。

山寺　一方、ニュース放送の場面などではAIを使った方が便利なケースもあるのかもしれません。そう考えてみると、伝えたいと思う情報やメッセージがどのような性質を持つものなのかを見定めることが重要だと思います。音声を通して伝えようとしているものがニュースなのか、物語なのか、感情を込めたメッセージなのか。それを要所要所で判断して手段を選択する。人間にとって代わりの利かないものとは何かを、一人ひとりが考えて決断する時代になっているのかもしれません。

人間は声に対しての想像力が非常に豊かです。ある言葉が声として発っせられると、そこから様々な情景や感情が浮かびあがってきます。現在、アメリカではポッドキャストで物語を聞いたり、音声で味わうドキュメンタリー番組が人気だといいます。「声」という表現手段が、あらためて見直され始めているんです。

川原　山寺さんのお話を聞いていて、声優の声というのは自分の感情の写し鏡のようなものなのかもしれないと感じました。声優が特定のキャラをモビルスーツのように乗りこなして、喜怒哀楽を表現する。すると受け取り手である私たちも、自分の中にこんな感情があったのかと触発され、再発見する。普段考えていなかったことや感情が呼び起こされ、揺さぶられる。音声表現というのは、その意味でも非常にこれからも発展性のあるコミュニケーションスタイルなのだと再認識しました。

山寺　音声表現というものは奥深くて魅力的です。長年声優をやっていると、喜怒哀楽を伝えるコミュニケーションツールとしては声が一番適しているんじゃないかと思うことがあります。今はメールやＬＩＮＥを始め、色々なＳＮＳもある。それらは便利だし、僕も日常的に利用しています。その便利さを認めながらも、声を通した「生のコミュニケーション」の大切さをもう一度見直してもいいのではないかと考えています。

川原　「生のコミュニケーションの大切さ」は、俵さんも川添さんも非常に気にかけています。そう考えると現代社会を生きる我々が正面から考えるべき重要な問題なのだと思います。インターネットの影響で、人間のコミュニケーションが文字ベースでおこなわれる割合が一気に増大した。しかし、文字が我々の思いのすべてを写し取っていると考えてはいけない。山寺さんが声優としてもっとも大事にしている「感情」の部分を、文字で表現するには限界がある。そのことに対して無自覚でいると、すれ違いが起こってしまう。文字を通してだけで人と接することの危険性を認識しないで多くの人がネット上で交流しているから、トラブルが増えるのは当然です。

だからこそ、文字は我々の思いをすべて表しているわけではないことを自覚することが大事なのでしょう。その上で、音声コミュニケーションの大切さを再認識すること。「ガンダム理論」を声優レベルで実践する必要はないけれど、状況によって声の使い方を意識してみるだけで、少し人生が楽になるかもしれません。

註釈

i　長塚さんによれば、喉頭蓋という喉頭の蓋をする器官（図3-2）を倒すことで、喉頭上部にある空間（咽頭《いんとう》部分）を狭くすると、裏声でも声が弱くならない、ということです。チーズの発声時には、喉頭蓋がかなり強めに傾いていると長塚さんは推測しています。

ii　この推測が正しいかどうかはハイスピードカメラを使って山寺さんの発声方法を実際に観測してみないとわかりません。今回は、『原始家族フリントストーン』のバーニー・ラブル役などを演じたアメリカの声優メル・ブランクの発声をハイスピードカメラで撮影した資料を参考にしました。ブランクが銭形警部に似た声をだしているときの映像から、山寺さんの発声でも仮声帯や披裂軟骨、披裂喉頭蓋ヒダが使われていることが予想されます。理想的には山寺さんの演技をハイスピードカメラで検証するべきです。これが実現すれば、音声学という学術分野にとって貴重な資料になりますし、声優さんなど声のプロたちにとっても有用な教材となるでしょう。

iii 排卵サイクルが声質に影響を与える可能性があることを知っていると、特に声を使う仕事をしている女性たちは、声についての悩みが少し軽減されるかもしれません。というのも、声がかすれてしまうのは生物学的には自然なことで、その時期にサイクルがあることを知っていれば、過度に心配する必要もなくなるでしょう。

iv この事実は、単語を認識するにあたって、最初の文字と最後の文字が正しければ、語中の文字の順番はバラバラでも認識できる、という現象（タイポグリセミア）からもわかります。英語では「Aoccdrnig to a rscheearch at Cmabrigde Uinervtisy, it deosn't mttaer in waht oredr the ltteers in a wrod are, the olny iprmoetnt tihng is taht the frist and lsat ltteer be at the rghit pclae」という例が、日本語では「こんちには みさなん おんげき ですか?」という例がインターネット上で話題になったことがあります。

参考文献

1 榊原健一（２０１５）「発声と声帯振動の基礎」日本音響学会誌71：73－79.
2 栗田茂二朗（１９８８）「声帯の成長、発達と老化」音声言語医学29：１８５－１９３.
3 Liberman, A. M.（1982）On finding that speech is special. American Psychologist 37: 148-167.
4 川原繁人ほか（２０１６）「マイボイス・プロジェクト」日本音響学会誌72：６５３－６６１.

5 Gussenhoven, C.（2016）Foundations of intonational meaning: Anatomical and physiological factors. Topics in Cognitive Science 8: 425-434.

6 Niebuhr, O. et al.（2020）What makes business speakers sound charismatic? A contrastive acoustic-melodic analysis of Steve Jobs and Mark Zuckerberg. Cadernos de Linguística 1: 1-40.

7 Pegg, J. E. et al.（1992）Preference for infant-directed over adult-directed speech: Evidence from 7-week-old infants. Infant Behavior and Development 15: 325-345.

8 Cho, T. & P. Ladefoged（1999）Variation and universals in VOT: Evidence from 18 languages. Journal of Phonetics 27: 207-229.

9 Gupta, P. et al.（2005）Serial position effects in nonword repetition. Journal of Memory and Language 53:141-162.

10 Maekawa, K.（2002）X-JToBI: An extended J-ToBI for spontaneous speech. Proceedings of the 7th International Conference on Spoken Language Processing. 1545-1548.

第4章　言語学の現在地

川添愛《かわぞえあい》

言語学者・作家、1973年生まれ。九州大学大学院にて博士号取得。津田塾大学女性研究者支援センター特任准教授、国立情報学研究所社会共有知研究センター特任准教授などを経て、言語学や情報科学をテーマに著作活動を行う。著書に『ふだん使いの言語学』、『言語学バーリ・トゥード』など。

アカデミックな世界の「中」と「外」

川原　川添さんは言語学の博士号を持ちながら、学術の世界から外に飛び出して作家として活躍されています。言語にまつわる幅広い著作があって、日常のことばをテーマにしたエッセイ『言語学バーリ・トゥード』（'21年、東京大学出版会）が話題になりました。それだけではなく、言語学の入門書『ふだん使いの言語学』（'21年、新潮社）や、小説仕立ての『白と黒のとびら』（'13年、東京大学出版会）など、様々な角度から「ことば」についての書籍を執筆してらっしゃいます。

私はその中でも特に『ふだん使いの言語学』に感銘を受けました。それまで私は理論言語学の入門本は難解になりがちで、真正面から書くと読者に楽しんでもらえないんじゃないか、と怖がっていた。だから一般読者向けに本を書くときは、プリキュアやポケモンなどキャッチーな題材を中心にして、直球勝負から逃げてきたところがあります。ところが『ふだん使いの言語学』は言語学のコアな部分を扱いながらも、言語学の知見を世の中の役に立てようとしています。理論言語学の核を捉えつつ正面から専門外の一般読者に向きあっている川添さんの姿に勇気づけられました。

川添　そんな滅相もない。でも、そう言っていただけて嬉しいです。

川原　川添さんはどのような経緯を辿り、現在の活動に至っているのでしょうか。

川添　私はもともと大学院で言語学を研究していましたが、博士号を取る少し前から、国立情報学研究所で自然言語処理の先生のアシスタントとして働き始めました。言語学の内側にいたときは、自分が言語学者としてやっていけるのか、自信が持てなかった。だから一度、言語学の世界を離れようと思いました。生まれ故郷を出て外国に放浪の旅に出たような感覚です。当時は挫折してしまったトラウマから言語学とは距離を取っていました。

でも、言語学の世界を出て10年ぐらい経った頃から、だんだんと自分が元いた場所の良さがわかるようになりました。やっぱり言語学って面白いと、しみじみ感じるようになったんです。同時に、言語学が世間から誤解されていて、魅力が伝わっていないと痛感する場面にもたくさん出くわしました。そういう経緯もあって、「外」にいる立場から言語学について何か発信できることがないかと思ったのが、今の活動に繋がるきっかけです。

川原　私と川添さんは言語学者であるという点で同業者ですが、立ち位置が違います。私は大学に所属する研究者で、アカデミアの内部にいる。一方、川添さんは外部にいながら、言語学の魅力について発信しています。どちらが良いということではなくて、お互いの立場からでしかできないことがあります。

しかし、共通の意識として、二人とも言語学を愛していて、もっとその魅力を外の世界に伝えたいと思っている。その点で共感することがたくさんあります。この対談を通じて、言語学の世界に触れたことがなかった方にも、その面白さを伝えられればと思っています。

川添　私も川原先生の『音声学者、娘とことばの不思議に飛び込む』には刺激を受けました。あの本は、日常的な例から音声学の面白さを教えてくれる本です。ポケモンやプリキュアの分析なんて、驚きの連続でした。プリキュアのキャラクターの名前には「パ」や「マ」など、上下の唇を使って発音する「両唇音《りょうしんおん》」が多く使われている。しかも、この「両唇音」は赤ちゃんが言語発達の初期に発するもので、私たちはその音を「かわいい音」として無意識に捉えている、と。言われてみれば、「なるほど、たしかに！」と唸ってしまう例が詰め込まれています。

もともと、私が先生のお名前を初めて耳にしたのは20年近く前にまで遡ります。そのときは、「意味論」という分野での論文でお名前をお見かけしました。川原先生は音声学だけではなく意味論にも取り組まれていて、言語学を横断的に研究されているんですね。

言語学の分野はこんなにある

川原　言語学とひと言でいっても、その中を覗いてみるといろんな分野があります。音について研究する音声学や音韻論、単語の構造に注目する形態論や文の構造を分析する統語論、意味を探究する意味論や語用論、さらに歴史的変遷を研究する歴史言語学や、社会と言語の関わりを探る社会言語学、言語の習得などを研究する心理言語学、記述が十分されていない言語を探究するフィールド言語学など様々です。

川添　学生時代の私はその中でも、特に統語論と意味論を研究していました。統語論は、人間が使う言語において、どのように文が構成されるのかを研究するものです。ひとくちに文といっても、しっかり分析してみると、緻密なルールによって文は構成されている。意味論とは、まさに「文の意味」について研究する分野。統語論（syntax）と意味論（semantics）の英語の頭文字をとって「s-side」とも呼ばれています。

川原　一方で私が主に研究しているのは、言語音の発音の仕方や空気中での伝わり方、そして知覚のされ方を研究する音声学です。そして、その音に関して人間がどのような抽象的な知識を持っているのかを探究する音韻論も専門に研究しています。音声学（phonetics）と音韻論（phonology）の頭文字をとって、こちらは「p-side」と呼ばれます。大雑把に言うと、川添さんはs-sideで私はp-sideです。もちろんふたりとも言語学者であるかぎり、言語のさまざまな側面に興味を持っているのですが。

川添　言語学って、専門外の人からすると語彙やコミュニケーションについて研究する分野だと認識されている印象があります。たとえば、人と話していても『ナウい』って言葉はいつから使われているんですか？」といった質問をよく受ける。そういう特定の語彙の語源についての研究も大切なのですが、s-side や p-side も含めていろんな分野があることも知ってほしいです。

抽象的な言い方になりますが、私が研究していた日本語の統語論や意味論は、いわゆる現代日本語の「文法」や、私たちが言葉の「意味」とみなしているものについて研究する分野です。文法というと、学生時代の国語の授業で習う「学校文法」をイメージする方も多いかと思いますが、それだけではありません。私たちはふだん日本語を喋るとき、無意識のうちに単語を一定のルールに従って組み合わせて文を作っています。言語学における「文法」は、そういうルールを含めた仕組みのことです。意味論は、私たちが日常生活で使っている言葉が現実世界や人間の頭の中の世界とどのように対応し、どうやって人に伝わっているかを研究するものです。統語論も意味論も、「ふだん使いの日本語」の仕組みを解析して理解する分野です。それを考えるのがとても面白い。

チョムスキーの「普遍文法」

川原　今回の対談では、理論言語学の話からアウトリーチ（研究者が世の中に研究成果を還元する活動）、言語研究の面白さや難しさ、ＡＩと人間言語の違いなどをテーマにできればと思っています。まずは私たちが研究してきた理論言語学について取りあげましょう。専門的になってしまう部分もあるのですが、この先の視界がはっきりすると思います。

今、話に出た「s-side」「p-side」というのは、言語学の中で「生成文法」という理論の中の下位分野と言えます。生成文法というのは、アメリカの言語学者ノーム・チョムスキーが1950年代に提唱した文法理論を指します。[1] 生成文法は、それまで盛んだった「構造主義言語学」という理論を覆して一大勢力となりました。

川添　チョムスキーは1928年生まれ、今年で96歳を迎える研究者ですが、これまで言語学の世界で大きな功績をいくつも残してきました。彼は、人間はもともと母語を習得する仕組みを持って生まれてくるという「言語の生得説」を提唱した学者です。彼はその仕組みを、人類であれば普遍的に持っているものとして「普遍文法」と名づけました。これは言語学の世界で、今でも強い影響力を持っている理論です。[i]

川原　普遍文法の主張の根幹を、私なりの理解でまとめてみると4つの大きな主張を含んでいると思います。①まず、言語能力は人間に生まれつき備わっている。②そして、その能力を持っているのは人間だけである。③かつ、言語習得能力は他の認知器官と独立している。他の認知器官というのは、たとえば「見る」「聞く」「感じる」など視覚や聴覚などに関わる器官のこと。チョムスキーは、これらの器官とは独立した言語習得能力が存在する、とする。④さらに③にも関わりますが、人間がもつ一般的な学習能力だけでは言語は学べない。人間の赤ちゃんは成長するにつれて色々なことを学びますが、ことばの学びは他の学びと質的に違う、という主張です。

川添　チョムスキーが登場する前は、言語習得では「条件付け」という概念が重視されてきました[2]。これは心理学の概念で、動物の学習能力の研究で用いられています。たとえばネズミ用の小部屋の中に、レバーを押したら餌が出てくるカラクリを作っておく。ただし、レバーを押せば必ず餌が出てくるわけではなく、ブザーが鳴ったときにのみ、レバーを押したら餌が出てくるようにセットします。そこに実際にネズミを入れて実験してみると、はじめはたまたまブザーが鳴ったときにレバーを押して餌を獲得していたのが、何回もくり返すうちに、だんだんブザーが鳴ったときにだけレバーを押すようになる。こうして「ブザーが鳴る→レバーを押す→餌がもらえる」という条件を学んでいく。このような条件付け学習が人間の言語習得にも関わっている、というのが当時の心理学者たちの主張です。

それに対してチョムスキーは、条件付けの理論だけで人間の言語習得は説明できないと批判しました。子どもは割と早い段階で母語を習得します。子どもが言語習得の手掛かりにするのは、基本的には親など周囲の大人が話す言葉です。でも大人の話す言葉は言い間違いを含んでいる場合もあるし、文が途中で途切れてしまうことも多い。親が子どもに話しかける際に使う語彙も、それほど豊富ではありません。そういう意味で、大人の話す言葉は言語習得のためのデータとしては不完全です。にもかかわらず子どもは自分のいる環境で使われている言葉を習得して、いつのまにか話せるようになる。

チョムスキーは、これが可能なのは人間がまっさらな状態で生まれてくるのではなく、言語をすばやく習得する能力を備えているからではないか、と考えました。つまり、人間は脳内に言語習得装置をもって生まれてくるからこそ、限られたインプットからでもすばやく言葉を学べるのではないか、というのです。

チョムスキーが巻き起こした論争

川原　チョムスキーがその説を唱えたときには、反対意見も続出しましたし、今でも議論が続いています。私の感触で言うと、先ほど述べた①や②に反対する人はあまりいない。①に関しては、どんな人間でも特定の障害がない限り、言語を習得することができる。②に関しても、鳥や蜂など、ある程度のコミュニケーションシステムを持った生物の報告はありますが、人間言語ほど複雑な仕組みをもった種はない。[ii] 人間以外の霊長類に言語を教える試みもありますが、成功したとは言えない。だから、本当の議論の焦点は③と④だと思うんです。人間の言語機能は、聴覚や視覚など他の認知機能と独立しているのか。人間には、言語に限らない一般的な学習能力があって、それを使って言語を習得しているのではないか。生成文法と他の言語理論の決定的な違いは、この二点なのではないか。[iii]

川添　まさにその二点が、チョムスキーの学説と他の学説が異なるところだと思います。しかしながら、チョムスキー支持者とそうでない人たちの対立は、実際の理論的な主張の違い以上に、何かすごく感情的なところがあります。どっちもすごく「熱い」というか。支持者と反対者の論争を熱くしているのは、もともとチョムスキーの学説がすごく魅力的だからだと思うんです。人を引きつけるキャッチーさがある。

さらに、チョムスキーが自分の理論をどんどん更新して、常に注目を集めているということも大きいと思います。私が学部生のときに教わった理論は「統率束縛理論」でした。これは、1980年代にチョムスキーが提唱した理論で、Xバー理論・統率理論・束縛理論など、文を作り出す仕組みの様々な側面について、それに対応する下位理論を設定していました。[3]たとえば、文や句の基本的な構造を決めるのはXバー理論。代名詞（herやherself など）の意味がどのように決定されるかを説明するのが束縛理論。統率理論は、その束縛の仕組みを制御する理論。そういった各種の理論の組み合わせによって、様々な現象を説明していたわけです。

しかしそうかと思えば、1995年には「ミニマリスト・プログラム」という、新しい枠組みを打ち出しました。[4] これは、統率束縛理論で想定されていた仕組みをできるだけ排除して、最小限の道具立てで説明しようという試みです。たとえば、統率束縛理論では文や句の基本的な構造はXバー理論で説明されていましたが、ミニマリスト・プログラムでは、二つの要素をくっつけて、より大きな単位を作り出す「併合」というシンプルな操作が導入され、Xバー理論は不要ということになりました。

なんらかの理論を提唱しても、長い間そのままにされていたら、時間の経過とともに古くなって忘れられていくはずです。しかし、チョムスキーは定期的に理論をアップデートする。チョムスキーによって新しい理論が提示されると、他の研究者たちは、「その新しい枠組みを使ったら、この現象はどう説明できるんだろう」と考えてみたくなる。そういったやり方を含め、チョムスキーは分野を牽引するのが実に上手いと思います。[iv]

川原　川添さん自身は、チョムスキーの「言語習得能力は他の認知器官と独立して存在する」という説についてどう考えていますか？　私は考えれば考えるほどわからなくなります。正直なところ、日によって自分の中での結論が変わることもしばしばです。

川添　私自身は学生時代、チョムスキーの説を前提にして研究していました。つまり言語習得能力として独立したものがあると仮定した上で、言語を研究しようという立場です。研究をする上で、まずはその考え方を土台にしてみようという作業仮説ですね。ただし、もしかしたら今後、それを否定する証拠が出てくるかもしれない。それも含めて、これからの推移にも注目しなければいけないと考えています。

チョムスキー理論の背後にある論理を吟味する

川原　なるほど。私は学生に対して、さらに自分自身にも「チョムスキーの理論的枠組みで研究するにしても、その根幹となる主張が正しいかどうか常に吟味しつづけるべきだ」と言っています。「チョムスキーがそう言っているから」ではなくて、自分の中でその背後にある論理が正しいか考え続けることが大事だと思うんです。

生成文法は、基本的に「心の学問」だと言われています。言語を「心の鏡」とみなして、言語そのものよりも、言語を生み出している心の装置を研究しようとしている。その結果、身体を使って何かを喋るという行為は一旦脇に置いておく。言語学の分析対象は、人間が「頭の中」で文をどう作り出しているかなんだという姿勢です。つまり、言語を身体運動と切り離す。心のなかで表現を生成するシステムを研究するのが生成文法で、体が実際におこなう発話のことは考えてはいけない。前者のことを「コンピテンス」、後者のことを「パフォーマンス」と呼んで分け、言語研究において大事なのは前者だとする。

でも、音声は唇や舌、肺など身体器官を使って発音するので、その影響を無視して言語能力については語れない、と感じています。空気力学的な要因も言語の構造に影響を及ぼしていると考えられる。たとえば濁音って、空気力学的に発音しにくい音なんです。「ば」「だ」「が」のように口を閉じながら声帯振動を保持することは難しい。閉じた空間に空気を流し続けるわけですから。だから、日本語は外来語や強調系を除くと、濁音に促音「っ」をつけて長くすることができない。たとえば、「日」に「韓」をつければ「日韓（にっかん）」と「か」の促音が出てくるけど、「日」と「豪」をつけても「にちごう」であって「にっごう」とならない。つまり日本語は、空気力学的に発音が難しい濁音を長くすることを拒否する傾向にあるし、同じような傾向が様々な言語で観察される。こういう例を考えると、私は言語能力が音声産出の仕組みと独立したものとは考えられないんです。

川添　なるほど、それは音声学を研究してこられたからこその、実感のこもった説ですね。

もう一点、チョムスキーについて押さえるべきことをお話ししておきましょう。チョムスキーは言語学を経験科学として位置づけ、自然科学と同じ方法論で研究することを提案しました。その一環として、研究対象を「私たちの脳内にある言語能力」とし、それによって生み出される「話し言葉や書き言葉の集積」と区別したわけです。さらに、脳内の言語能力を数学的な計算システムとして理論化し、その理論によって様々な言語現象を説明しようとしています。

「数学的な計算システム」というと数式が並ぶイメージが先行してしまうかもしれませんが、コンピュータプログラムによって作られるシステムのようなもの、と捉えた方が実状に即していると思います。そういったシステムから出力（生成）されるものが「母語の文として自然な文」であったり、「その文の解釈として出てくる意味」であったりするわけです。計算システムの形で理論を構築し、それが現実に私たちが自然だと判断する文を過不足なく生み出し、なおかつ、その文が持ちうる解釈を適切に予測できれば、私たちの頭の中でそのようなシステムが動いている可能性が高い、ということになります。

チョムスキーが提唱したことのうち、この「人間の言語能力をある種の計算システムとして理論化する」「その理論によって、言語現象を科学的に説明することを目指す」という部分は、理論言語学の分野では広く共有されていると思います。チョムスキーは何かにつけて注目される人なので、「チョムスキーに賛成するか、しないか」みたいな極度に単純化された議論に陥りがちですが、実際は色々な主張をしているので、チョムスキーの提案のどの部分を受け入れて、どの部分を受け入れないのかを、個々人が慎重に考えた方が良いと思っています。

川原　おっしゃる通りですね。「チョムスキーは偉大な言語学者だから、彼が言っていることはすべて正しい」とか「チョムスキーの言っていることは何から何まで全部間違っている」というような極端な態度をとる研究者もいますが、そういう態度は危険です。研究者それぞれが、それぞれの主張を吟味して考えつづける姿勢を大事にしたいものです。

言語学研究の面白さとは

川原　川添さんは、日本人が日本語を使っているときに頭の中で何が起きているのかを研究してきました。日本語の文法や意味を研究する中で、この現象は面白いと感じるのはどのような場面でしたか。

川添　言語学の世界に入った学部生の頃は、どんな言語現象も面白かったですね。卒論では数量詞を研究しました。たとえば「3人の学生が来た」と「学生3人が来た」と「学生が3人来た」では、ニュアンスが違いますよね。でも、具体的に何が違うんだろうと考え始めると、けっこう難しい。

そこで、どうやったら「3人の学生」「学生3人」「学生が3人」の違いを突き詰められるんだろう、と考えてみました。「学生」のような普通名詞の代わりに、「東京ドーム」みたいな固有名詞を入れたらどうなるか。たとえば、「東京ドームが5つ入る広さ」という言い方は自然にできますけど、「5つの東京ドームが入る広さ」とか「東京ドーム5つが入る広さ」になると、なんだか東京ドームが実際に5つあるような、妙な現実感がある。こういう観察から、「3人の学生」「学生3人」タイプの表現は現実世界のものを指しやすく、「学生が3人」タイプの表現は必ずしもそうではないということが見えてきたんです。

また、普通名詞の意味についても興味を持っていました。言語学を学ぶ前は、「猫」や「学生」といった普通名詞を、ただの「ものの名前」でしょ、と考えていたんです。でも厳密に見れば、「猫は動物だ」と言うときと、「あ、猫に餌をあげなきゃ！」と言うときと、「猫は世界中に分布している」と言うときと、「とにかく猫を飼いたい」と言うときは、「猫」が全部違う意味になっている。「猫は動物だ」は「すべての猫」ですし、「猫に餌をあげなきゃ」は「うちで飼っている特定の猫」だし、「猫は世界中に分布している」は「猫という種」ですし、「とにかく猫を飼いたい」は「猫という属性を持った不特定の個体」です。こういうことを考えると、普通名詞の意味って思ったよりもずっと複雑で、「そもそも名詞の意味って何なんだろう？」という気持ちになっていくんです。それが楽しかった。

でも、お恥ずかしい話ですが、音声学は苦手分野だったんです。覚えなければいけない記号もたくさんあるので大変でした。しかも大学院入試で音声学の問題を間違えてしまい、それ以来、ちょっとしたトラウマになっていました。そこでお聞きしたいんですが、川原先生の思う音声学の魅力とはどのようなところにあるのでしょうか。

川原　「音声学は覚えなければならないことが多いから苦手だ」という意見は、あちらこちらから聞こえてきます。だからこそ私は音声学の諸概念を暗記してほしくない、という思いが強いです。こんなに楽しい音声学が退屈な暗記科目だと思われるのが辛い。たとえば、教科書通りだと、[p]、[b]、[m]は「両唇を使って発音する音」だと覚えさせられる。でも実は、これらの音はプリキュアの名前の語頭に多くでてくる音なんです。こんな観察を紹介するだけでも音声学が楽しくなるかもしれない。それだけじゃなくて、両唇を使った音は赤ちゃんが得意な音です。赤ちゃんの仕事は母乳やミルクを飲むことですから、両唇を動かす口輪筋《こうりんきん》という筋肉が発達している。プリキュアのデザイナーたちは、子どもたちが発音しやすい音を使って名前をつけているのかもしれない。

それに、先ほどもお話しした空気力学。音声は空気を流して出すものですから、空気力学も学んで欲しい。でも、「力学」という言葉を聞いただけで身構えてしまう学生もいます。そこでポケモンの出番です。ポケモンは進化すると大きくなる傾向にありますが、進化後には名前に含まれる濁音の数が増えることが統計的に実証できました。[5]「イワーク」が「ハガネール」になったり、「キノココ」が「キノガッサ」になったり。それにポケモンの名前じゃなくても、「コロコロ」転がっている石よりも「ゴロゴロ」転がっている石の方が大きそう。「カンカン」鳴っている鐘より「ガンガン」鳴っている鐘の方が音が大きそう。このように、「濁音＝大きい」というイメージが存在しています。この理由は空気力学にあるかもしれない。濁音は口を閉じて、声帯を震わせ続ける音です。声帯を震わせるためには、口の中に空気を送り続ける必要がある。閉じた口の中に空気を流し続ければ、口が膨らむのは当然の現象です。この口の膨らみがポケモンの名付けに影響している可能性がある。

こうやって身近な題材からでも音声学の本質を学べる。「音声学の魅力とは何か？」という質問にお答えすると、まずプリキュアやポケモンの名前のような身近な現象の背後に潜んでいるパターンを発見できることが楽しい。そして、そのパターンの裏には赤ちゃんがどのように言語を身につけるかや、空気力学的な要請が存在しているかもしれない。ことばというのは気がついたら話せるようになっているものだから、普通は改めて見つめなおしたりしない。でも、研究していると新たな発見の連続です。「ことばにこんな緻密なルールがあるのか！」と日々実感できるのが、言語学の醍醐味だと思っています。

ことばは「揺れる」もの

川原　もちろん、研究は楽しいことばかりではありません。言語学研究の難しさについてもふれておきたいのですが、川添さんは現代日本語を研究する中で、悩ましい問題に直面したことはありましたか？

川添　それはたくさんありました。特に、人が言葉の自然さや解釈について判断するときの「揺れ」の問題です。どの言語もそうだと思いますが、「この文は日本語の文として自然ですか」とか「この文にはこういう解釈はありますか」と聞いたときの反応に、個人差が出てしまう。そこをどう捉えるかは常に難しい問題です。

たとえば、「私はお茶を飲む」という文は日本語の文として自然だと感じる人がほとんどでしょう。でも、「は、私、を、お茶飲む」になると、すごく不自然で、そもそも日本語の文ではないと感じる。統語論の研究では、そういう「感覚」を手掛かりにして、日本語の仕組みを調べていきます。

ただ「は、私、を、お茶飲む」は誰が聞いても不自然だと判断すると思いますが、微妙なケースもあります。たとえば「私は数学を勉強する」は自然ですが、「私は数学を勉強をする」だとどうでしょうか。日本語の文として問題ないと思う人もいれば、ちょっと不自然だと感じる人もいるでしょう。受け取り手によって感覚の差が出てしまうんです。

さらに言うと、こういった個人差が出るケースでは、そもそも例文の作り方に問題がある場合もあります。科学実験にたとえれば、実験環境の中に「不純物」が入っている感じに近い。しかし、いくら実験の仕方を工夫しても言語の場合は方言差や世代差などといった個人的なバックグラウンドも大きく影響します。もともと言葉に対する感覚が大きく違うグループをどう扱うべきか、という問題も出てくる。

実験をして統計を取るにしても、データの取り方が本当に適切なのか、というところから議論しないといけない。その意味では、音声学は発声については生理学があるし、実験器具としてMRIなどの機械も使えます。音響だったら物理学という基盤もある。そこは本当に羨ましい。文法や意味の研究は、その点で他の分野よりも不確かな部分があると感じています。だからこそ統語論や意味論は、感覚には個人差があるという点をシビアに自覚しながら、いかに科学研究として確立していけるのかが大事なポイントになります。

言語学は何の役に立つ?

川原　たしかに言語学を科学として確立させていくのは重要ですね。同じように大切なのは、言語学が世間からどう見られているのかを意識することだ、と感じています。私自身、日本の中で言語学がいかにマイナーな学問なのかを何度も痛感してきた。ぶっちゃけた話、「言語学をやっていて何の役に立つの?」と聞かれたことはありませんか。

川添　あります、あります!

川原　私、この手の質問に悩まされてきたんです。自分のやっている研究が、何の役に立つのか。言語学者でなくても、他の分野の研究者、特に人文学系の学者たちも同じような質問を投げかけられたことがあるんじゃないでしょうか。それに、この問いが学生たちにとっても切実な問題として重くのしかかることがある。たとえば、私の教えていた学生が就職試験の面接のときに「言語学を専攻しています」と答えたら、面接官に「それって何の役に立つの？」と聞かれて、答えに窮してしまったそうです。

正直に言えば、言語学は楽しいからやっているんです。何かの役に立てよう、っていうのは二の次です。これは私の恩師の言葉ですが、ニュートンだって、飛行機を飛ばすために、力学体系を作りあげたわけじゃない。学問の根本的な原動力は好奇心です。でも、いざ就活などの場面になると、なかなかそこまで開き直れない現実がある。私が教えた学生の中にも、「言語学が好きになればなるほど、周りにそれが理解されないことが怖くなる」とこぼした子がいました。

川添　私も学生時代からずっと、周囲の人々に自分がやっていることをどう説明すればわかってもらえるのか、悩んできました。言語学は、経済学や法学のような実学ではないですし、物理学や化学などの理系分野とも違う。その中でどうやって「社会的な居場所」を探すのかは難しい問題です。

川原　日本とアメリカの違いもあります。私はマサチューセッツ大学で博士号を取って、そのあともしばらくアメリカで教えていたんですが、周囲も「純粋に言語学が好きならそれを突き詰めればいいじゃん」という雰囲気でした。そもそもアメリカでは10人以上の言語学者が集まっている言語学科の存在が珍しくない。そんな環境では言語学が何の役に立つかなんて疑問は突きつけられませんでした。

だけど、日本に帰国してから状況が一変した。途端に言語学の研究者が少数派になって、「それを研究してどうするの?」という目に晒《さら》されるようになりました。それに現実的な問題として、研究費を申請するときに、「その研究がどのように社会の役に立つのかを明記すること」と求められることも多い。そうでなくても「貴重な税金がもとになっている研究費は、実利がはっきりとした研究に投資すべきだ」という雰囲気がある。だからこそ、言語学の有用性について真剣に考えなければいけないと思うようにもなりました。

でも、「面白いから、好きだから」という気持ちを忘れてしまったらおしまいです。それは研究を続ける上で大事なモチベーションです。世の中への貢献だけを考えていると、純粋に夢中になって言語学を研究していた頃の気持ちはどこへ行ってしまったのかと、寂しい気持ちになることもあります。だからこそ学生や若手研究者は思う存分、言語学を楽しんでほしい。大人になったら、いやがおうでも世知辛い世間を生きていかないといけないんだから。逆に、我々のような中堅研究者、それに大御所研究者は、若手を守るためにも、言語学の社会的意義を発信していくべきだとも感じるようになりました。

外国語学習にも有用な音声学の知識

川添　それは身につまされる話ですね。言語学を研究していると、人間が持つ言語能力の複雑さに驚かされます。人間って、こんなにも入り組んでいて一筋縄ではいかない仕組みを使って言葉を話しているんだ、と感動する。そういう感動が、現実的な事情ですり減ってしまうのは悲しいことです。

でも、実際に役に立つこともたくさんあると思います。実は4年ほど前からチェコ語を勉強しているんですが、言語学をやっていて良かったと実感しています。外国語の勉強なんて久しぶりだけど、音声学の知識があるとすんなり理解できる。たとえば、複雑な音声の変化を見せられても、「あ、これは母音調和だな」とかがわかるんですよね。

川原　たしかに外国語習得のためには音声学は助けになります。舌をどの位置に置くべきかなど、学ぶべき音の性質を理解できますから。川添さんがおっしゃった母音調和ですが、たとえば母音は「い」「え」のように舌を前にだして発音する母音と、「う」「お」のように舌を後ろにさげて発音する母音がある。母音調和とは、ひとつの単語の中で、舌を前に出す母音を使うか、後ろにさげる母音を使うかなどを、どちらかに統一する現象です。これによって同じ単語なのに、母音が変わったりする。有名なのはハンガリー語ですが、ある接尾辞の発音が、どんな単語にくっつくかによって -nak になったり -nek になったりする。音声学の知識がないと、何が起こっているのかわからない。外国語を学ぶときはもちろん、外国語教師の方にも有用だと思います。日本語を教えている先生から、音声学を学んだおかげで生徒からの「なぜ?」に答えられるようになった、という声も届いています。

川添　私は音声学にはずっと苦手意識を持っていました。でも音声学の法則性を覚えてしまったら、その法則に従って様々な言語を理解することができる。そういう意味で、現実的に有用な学問分野でもあるんです。

川原　一方で、こんなにも「言語学が何の役に立つの?」と問われるのは、私を含めて言語学者たちにも責任はあると思っています。もちろん全員ではありませんが、言語学者の多くは自分たちがやっていることがどんなことなのか、専門家ではない人にわかりやすく説明することを怠ってきたのではないか。だから言語学は認知度が低いのではないか。自戒をこめて、もっと外の世界へ向けて研究を発信していかなければと思っています。近年は、川添さんの著作のように、質が良くてわかりやすい入門書が増えてきていますし、世間での認知度もあがってきているように感じます。

研究者の責任としてのアウトリーチ

川添　それは言語学に携わる研究者として、研究成果やその分野の知見をどのようにアウトリーチするか、という話にも繫がってきますね。

川原　そうなんです。私は今、大学に養ってもらっていますが、言語学がいつ日本の大学からなくなってもおかしくはない、と感じている。言語学がなくなったら仕事もなくなってしまう、という切実な思いがあるわけです。だからこそアウトリーチ活動を通して世の中に言語学の魅力を発信するべきだ、と考えています。川添さんはエッセイから理論系の入門書、小説と様々な方法で言語について発信しています。大学に籍を置いていない川添さんが言語学の魅力を発信するモチベーションはどこにあるのでしょう。

川添　ふたつ理由があるんです。ひとつめは、やっぱり一度外の世界に出てみて、言語学があまりに理解されていないという現実に直面したというのがあります。言語学の世界には、本当に尊敬すべき研究者がたくさんいます。言語に対しての感覚が鋭くて、研究のことで議論をしていても、すぐに仮説の急所をつくような絶妙な証拠を出せる人がいる。それを見てきたからこそ、この分野にはすごい人たちがいるんだぞ、と世の中に知ってもらいたい。学術の世界からは離れましたが、私のアイデンティティは言語学にあるので、この分野をもっと広めたい。それがひとつめの動機です。

もうひとつは、より現実的です。最近のＳＮＳを見ていても、不毛な論争やいざこざが増えました。その中には、言葉のすれ違いによって生じたものが少なくありません。たとえばの話ですが、ニュース記事の見出しで「勉強しない大学生」というフレーズが出てきたとします。そういう場合、ネット上ではたいてい誰かが「大学生がみんな勉強しないなんて、そんなことあるか！」といったことを言います。そうしたら、それに対して「大学生がみんな勉強しないなんて書かれてないだろ」と反応する人も出てきて、両者が「お前の解釈はおかしい」と言い合って、議論が泥沼化したりします。

でも、実際は「勉強しない大学生」には両方の解釈があるんですよね。「勉強しない」が「大学生」の中身を限定して「大学生のうち、勉強しない人たち」となる解釈と、「勉強しない」が「大学生」の中身を限定せず、「大学生という、勉強しない人たち」となる解釈の両方が可能です。それなのに、お互いが最初に自分の頭に浮かんだ解釈しかできないと思っているから、「お前は読解力がない」とか「わざと曲解してるんだろう」とか罵り合う。

私は今までにSNSでこの手の論争を嫌になるほど目にしてきました。言葉の解釈の違いのせいで、修復不可能なほどの断絶が生み出されてしまう。普通に話せば通じ合うかもしれないのに、言葉の解釈ひとつで衝突してしまう。もしその人たちに言語学的な知見を提供できれば、なぜ解釈の違いが生まれたのか原因を冷静に考えることができるかもしれない。世の中に起きているそういった衝突を少しでも減らすために、言語学を役立てられないか、と考えています。

川原　それは、『ふだん使いの言語学』のメインテーマのひとつですよね。私も自分の著書を書いているときに「あれ？」となったことがあります。「ラップによって惰性化した日常を打破せよ」と書いたんです。私の意図は「惰性化した日常を、ラップによって打破せよ」という意味でした。しかし、原稿を読んだ友人は「ラップによって日常が惰性化するの？」と思い、混乱してしまった。ですから、曖昧性が消えるように「惰性化した日常をラップによって打破せよ」と書き換えました。言語学者であっても、そういう曖昧な文を使ってしまうことがある。でも言語の曖昧性を認識して、それを解消する方法を学ぶのは大事なことです。

　また、ことばによるすれ違いは特にＳＮＳなどの書き言葉において顕著だと思いますが、これは他の方々との対談でも議論になりました（50〜53ページ、１７０ページ）。ことばに関わる仕事をしている人が共有して持っている危機感なのかもしれません。もしかしたら、イントネーションや声色で伝わる意味が相手に伝わっていれば、誤解は避けられたかもしれない。でも、書き言葉になるとそういったニュアンスが消えてしまうんです。

読み言葉と書き言葉の違い

川添　その関連で言えば、川原先生の『フリースタイル言語学』（'22年、大和書房）では、人間はエントロピーの低い文脈（＝次にどんな単語が発せられるか予測しやすい文脈）はあまりはっきりと発音しないけれど、エントロピーの高い文脈（＝次にどんな単語が発せられるか予測しにくい文脈）でははっきり発音すると書かれていましたよね。

川原　たとえば「昨日、おそば屋さんで○○食べたよ」といった場合、○○にはいる単語はある程度予想がつきます。「きつねそば」とか「たぬきそば」とか。こういう場合はエントロピーが低くて、○○の部分があまりはっきりと発音されない。逆に「昨日、お昼に○○食べたよ」という文だと○○に入る可能性がある単語はたくさんあるから、エントロピーが高い。文脈だけからでは予測が不可能だから、そういう単語はよりはっきり発音する。[6]

　つまり人間は単調に文を発しているわけではなく、文のどこの部分が聞き手にとってどれだけ重要な情報を持っているかを考えて発音しているわけです。ほとんどの場合は無意識でしょうが、読み聞かせや語りが上手い人などは意識的にやっているかもしれません。それに人間は、話し相手が赤ちゃんだったら声を高くするとか、日本語母語話者ではない人が相手だったらゆっくり話すなど、相手に合わせて話し方を変えられるものです。

川添　書き言葉だと、そういった強弱や濃淡がフラットになってしまう。メールのやりとりでも、文字だけだとつっけんどんな印象を持たれてしまうことがあります。現代は話し言葉よりも書き言葉でのコミュニケーションが増えているし、今後もその傾向はより強くなっていくでしょうから、衝突のリスクは高まっていきます。そんな中で言語学的な知見はますます必要になると感じます。

川原　一方で、アウトリーチをやっていると、逆に言語学者から「まずは自分の研究をちゃんとしろ」というような批判を受けることもあります。川添さんは、アウトリーチ活動を批判されることへの恐怖はありませんか？

川添　あります。他の分野も同じだとは思いますが、言語学の世界も甘くはありません。適当なことを言ったら専門家から批判されるという緊張感は常にあります。でもアウトリーチをする以上は、専門家や世間から厳しい目にさらされるのは当然のことです。私の書いたものを通して初めて言語学に触れる人もいるわけですから、責任は大きい。きちんと文献にあたるとか、いい加減なことは言わないとか、当たり前ではありますが欠かしてはいけない姿勢です。その分野自体の信頼性にも関わってきますし。

逆に、講演などをしていて「これは怖いな」と感じることがあります。たとえば、専門外の方に向けて情報発信をすると、その人たちから私が「権威」だと思われてしまうケースがあるんです。私が言ったことに対して「言語学者が言うんだから、これは言語学的に正しい見解なんだ」と受け取られてしまうことが結構ある。もちろんいい加減なことは言わないようにしてはいますが、ひとつのテーマにしても、様々な学説がありうる。私の見解も、その中のひとつに過ぎないんです。その意味で、言語学や言葉についての考え方は色々あるし、幅広いんだよ、というメッセージも同時に伝えなくてはいけないと思っています。

川原　私も長いこと川添さんのような慎重な姿勢を貫いてきたつもりです。でも自分の専門のことに近い話題ほど、色々な意見があることも熟知していますから、なんとも歯切れが悪くなってしまう。言語学の世界で「これは間違いなく正しい」と明言できることは少ないんですよね。とはいえ、取材なんかではそういう微妙なニュアンスが伝わりにくい。

そんな歯痒い事情もあるのですが、最近は学術的には立証されていないけど研究成果としてキャッチーなことを発信するのも、ある程度は大事なことなのかな、と思い始めました。たとえば、世界中の言語において母親を指す単語には[m]の音が使われやすいという傾向がある。[7]「mother」「mummy」（英語）、「m-ãe」（ポルトガル語）、「mea」（タイ語）などなど。これは、赤ん坊が母乳を飲むときの動作を考えると、自然なことです。ミルクや母乳を吸うときには両唇は閉じている。でも、鼻呼吸をしているから鼻から空気が流れている。両唇を閉じて、鼻から空気を流したら出る音は[m]なんです。だから、母親を示す単語に[m]を使うのは、音声学的には理にかなっている。
もちろん例外もあります。日本語の「おかあさん」という単語に［m］は入っていません。しかも、哺乳行動と「母親＝［m］」ということに因果関係があることは証明できない。それでも、その傾向を世の中に提示するだけでも意味があると感じています。もちろんそこには統計的な裏付けがある、ということが理想ですし、研究者としてどこまで「正しい」と言えるかを正直に伝えたうえでの話ですが。

川添　「傾向」を提示するというのは私も重要だと思います。それを知るだけでも、言葉の世界の面白さに触れることができます。私自身、言語学の解説をするときに「例外はあるけども、こういう傾向があります」という言い方をします。
たとえば日本語の「が」と「は」の違いを説明するとき、言語学的に厳密に話そうとすると複雑な話になりますよね。「が」にも「は」にも複数の用法がありますし。でも、とりあえずの説明として、「が」は文脈に新たに現れた情報（新情報）に付き、「は」はすでに文脈に現れている情報（旧情報）に付く、と言ったりします。それぐらい大雑把に言わないと、相手の中に残らない。ただ、この説明を聞いた人から「じゃあ、日本語の『が』と『は』は、英語のaとtheと同じなんですね！」とか反応されると、「いやいや、そんな単純な話じゃないんですよ……」と、複雑な気持ちになります（笑）。学術的に厳密に言おうとするとても大変なんだけど、「大雑把に言えば、こういう傾向がある」というのを世の中の人に知ってもらうのは、アウトリーチとして大切なことだと思います。

歌い手の悩みに言語学が答える

川原　以前、ゴスペラーズの北山陽一さんと話していたとき、こんなことがありました。北山さんはプロの歌手として第一線で活動し続けている方ですが、ある日、「嬉しい」という気持ちを伝えたいならば、言葉で「嬉しい」と言えば、それで目的は達成されるんじゃないかと思ったそうです。なぜ言葉で伝わる意味を、わざわざ歌にして表現する必要があるのか。その意義が見いだせなくなってしまい悩んだというんです。

たしかに相手に「嬉しい」という情報を伝達するには、「嬉しい」といえば事足りるかもしれません。でも歌によって「嬉しい」という気持ちを表現するのは、それ以上の「何かしらの意味」があるからだ、というのは言語学的にも正しい考えだと思うのですが、いかがでしょうか？

川添　単純に「嬉しい」と言っても、言葉だけだといろんな情報が抜け落ちてしまうと感じます。「うれしい」という4文字にエンコードした段階で、自分の中の多層的な感情の大部分は載せられなくなる。

さらに、相手に「うれしい」という4文字の情報が伝わったとしても、相手の持っている「嬉しい」という感情は、自分の感覚と違う可能性があります。そうなると、やっぱり言葉だけでは伝わらない部分が出てきますよね。そこを歌にすることで、自分の感じている嬉しさはこういう感じなんだよと、より豊かに伝えることができるかもしれません。そうなると受け取る側も「この人が伝えてくれた嬉しさは、私の嬉しさと近いな」とか、「この感情は、あのときに感じたものにすごく似ているな」と思い、そこからさらにコミュニケーションが発展していく可能性もあります。

川原　豊かになる分、その意味を客観的に定義するのが難しくなるかもしれない。でもそれは、メロディーを持った歌にすることで情報量が増えたということ。歌は、論理的な意味で伝えられない部分を伝えるのにとても有効な手段なのではないか。そのようなことを北山さんに伝えたら、とても喜んでくれました。

川添　言語学が創作や表現活動の助けにもなりうるという好例ですね。

川原　音声学的な知見は歌い方の指導に直結することもあります。たとえば歌を練習している人が、先生から「軟口蓋《なんこうがい》を上げて歌いなさい」と指導を受けることがあるらしい。しかし、[n]や[m]といった鼻音と呼ばれる音は軟口蓋の一部である口蓋帆《こうがいはん》を下げないと発音できない。口蓋帆を下げないと、鼻から空気が流れませんから（137ページ）。だから、あんまり「軟口蓋を上げるぞ」と意識していると、鼻音がちゃんと出せなくなる。

軟口蓋を上げながら鼻音を出すのは、両手を縛って料理するようなもので、それは無茶な話です。軟口蓋を上げるという意識は歌にとって大事なことなのかもしれませんが、軟口蓋を下げて発音する音があることも知っておいてほしい。ボイストレーニングの現場では、こういった音声学の基礎的な知識があれば回避できる問題がたくさんあるらしい。仲良くなった声楽関係者たちにそれを指摘すると、「なんでもっと早く教えてくれなかったんだ」と言われます。私が音声学を研究する中で常識だと思っていることが、違う世界にいる人にとってはめちゃくちゃ有用な情報だったりする。これは新しい発見でした。

言葉の意味の多層性：論理的な意味と論理的でない意味

川添　先ほどの北山さんの例に戻ると、言語は多層的で、文字通りの意味以上の情報を持ちうる。それは言葉の面白さであり、ある意味で怖さとも言えるかもしれません。それに言語学を研究していて、言葉はとても曖昧なものだと感じる瞬間もあります。でも言葉は曖昧だからこそ面白いんです。川原先生が'04年に発表した論文でも、まさに言葉が論理だけでは説明できないことが書かれていました。

川原　あの論文[8]では、日本語の敬語を題材にして、言語には論理的な意味と論理的ではない意味があるんだということを示しました。まず論理的な意味というのは、その文が示す内容が事実かどうかで判断がつくものです。たとえば「ここにお茶がある」という文は、現実に目の前にお茶があれば正しいし、なければ正しくない。これを「真理条件」と呼びます。

その上で「ここにお茶があります」という敬語を含んだ文を考えたとき、どうなるか。

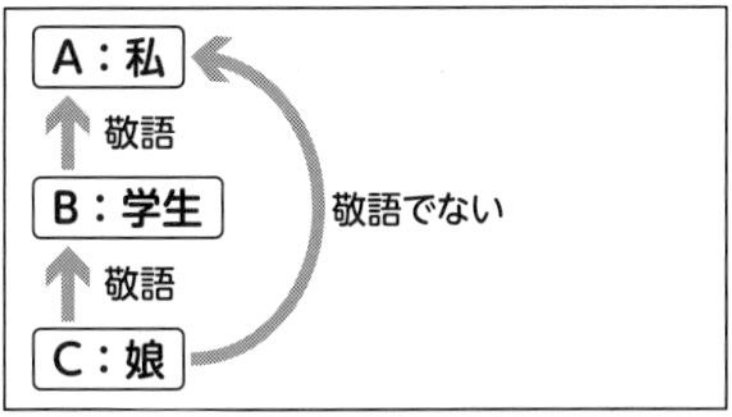

図4-1：敬語ではtransitivityが成り立たない

敬語によって論理的な意味（つまり真理条件）は変化しません。お茶があれば正しいし、そうでなければ正しくない。論理的に正しいかどうかは敬語が使われているか否かには影響を受けない。「ここにお茶がある」という論理的に判断できる意味があって、そこに「私はあなたに丁寧に説明しています」という、なんともモヤモヤした意味が乗っかっている。これは、文が論理的ではない意味を持ちうる、という例です。

では、どうして敬語の意味は論理的でなくモヤモヤしていると言えるのか。これはtransitivityという数学的な概念を用いるとはっきりします（図4－1）。たとえば、私の学生は私に敬語を使います。そして私の娘は私の学生に敬語を使います。でも娘が私と話すときには敬語を使わない。論理的に考えれば、A（私）がB（学生）よりも大きくて、B（学生）がC（娘）よりも大きかったら、A（私）はC（娘）よりも大きいはずなんです。この推論の土台となるのがtransitivity。すると、C（娘）がB（学生）に敬語を使って、B（学生）がA（私）に敬語を使うなら、C（娘）はA（私）に敬語を使うことが予想される。でも、敬語の場合はtransitivityが成り立たない。言語にはこのような論理的でない意味が含まれています。

もうひとつ例を考えてみましょう。これは『ふだん使いの言語学』で川添さんが論じられていた例ですが、一時期、「タピる」という言葉が流行りました。「私は今日タピった」という文と「私は今日タピオカを飲んだ」という文を比べると、どちらの文も真理条件は一緒です。どちらも、実際にタピオカを飲んでいれば正しいし、飲んでいなければ正しくない。でも、「今日、タピったんだよね」と言ったときに、その人が伝えたかった意味は本当にタピオカを飲んだかどうかだけかというと、そうではない。

川添　「タピる」という言葉には、「私は『タピる』という表現を使う側の人間なんですよ、つまり若い世代の人間なんですよ」というニュアンスが含まれていますよね。単に「タピオカを飲む」と言ってもいいのに、「タピる」という言葉を使うことで「私はそういう集団の中にいる」という、自分のアイデンティティの表明や他人との関係性の匂わせをしている。
それは、「表現の欲求」というものに繋がっているのかもしれません。人は実際の言葉の意味以上に、それだけではない自己表現を乗っけているんです。それは相手に向けて、この微妙なニュアンスを読み取って欲しいという気持ちや、自分をこんなふうに見て欲しいという感情がないと出てこない表現だとも言えます。

AIは人間の代わりになりうるのか

川添　言葉というのは多層的で揺れがあって、論理では説明しきれない。今、AIが台頭してきて「人間の能力なんて、もうたかが知れている」という人もいますけど、そうではないと思います。言葉ひとつとっても、人間は非常に複雑な仕組みで動いています。

川原　川添さんは、'12年から'17年まで国立情報学研究所でコンピュータに言語を覚えさせる分野、いわゆる自然言語処理に関するお仕事をされてきました。最近では、質問をしたら人間「らしい」回答をしてくれるChatGPTが話題になっていますよね。他にもAIを使った翻訳も昔は精度が低かったんですけど、今はどんどん質が上がってきている。もう、AIが発達したら人間の仕事の多くがいらなくなるという雰囲気すら漂っている。だからこそ、現代人はChatGPTが人間言語とどのように違うのか理解しておかないと、危ないんじゃないかと思っています。というわけで、私は川添さんの『働きたくないイタチと言葉がわかるロボット』(17年、朝日出版社)を、事あるごとに人に勧めています。

川添　私が国立情報学研究所にいた当時は、ちょうどＡＩが日進月歩で発達している時代でした。そんな中ですでに、言語の研究をしたことがない人たちからは「ＡＩにとって言葉の習得なんて簡単だろう」と言われることがありました。言葉を喋れるロボットなんてすぐにできる、ＡＩに辞書を読み込ませれば楽勝だという空気があった。でも、それは違うと思いました。これまで話してきたように、言葉というのは、単純な語彙力以上に複雑な仕組みで成り立っているものです。そんなに簡単にＡＩが扱えるものではない。今のＡＩを見るとあたかも簡単にできたかのように見えるかもしれませんが、自然な言葉を生成させるところまで到達するだけでも、本当にたいへんなことだったわけです。

川原　たとえば自転車は、歩くよりも速い移動を可能にします。その意味で、自転車は人間の能力を超えている。でも自転車を使うことで、人間の存在そのものが危ぶまれることはない。それがＡＩになると人の印象は一変します。ＡＩが人間にとって代わる日がもうすぐにでも来るのではないか、という議論になってしまう。そこの違いは何でしょうか。

川添　それを考えるためには、物事の舵取りをして方向性を決める主体が誰なのか、という視点が大事なのかなと思います。ちょうど最近、自分の体を車にたとえたらどうなるんだろう、と想像したことがありました。食べ物は走るためのガソリンだなとか、足はタイヤだな、とか。人から励まされてやる気が出たときはアクセルを踏んだ状態だ、とも言えるかもしれません。

その中で、心の役割は何だろうと考えると、車における「運転者」に位置付けられると思うんです。車は運転者がいないと、どこに行くか、どこでスピードを上げ下げするのか判断できない。でも、最近ではＡＩが「運転者」になりうるんだ、と感じている人が多いのではないでしょうか。心の代用品として、どこへ行くか、何をするべきかをＡＩが決めてくれる。しかもＡＩは人間の心を人間以上に知っていて、より正しい方向づけをしてくれると信じられている節すらもある。そういうことも、ＡＩ脅威論が出てくる要因かと思います。

川原　それはあくまで見かけであって、言語や心の本質はＡＩにはまだつかめない部分がありますよね。

川添　最終的には、言葉と身体・意識・感情・欲求が結びついているか否かが重要だと感じています。たとえばＡＩが「パンが食べたい」と言ったとしても、実際の欲求がないと、それは本当に欲していることにはならない。実際の感情と言葉が結びついているかどうかは、言語の真実味に深く関わってくる部分です。

それに、そもそも言葉というのは社会的なものです。私たちが生活する上では、嘘を言わないとか、約束を守るなどといった基本的なルールがありますが、そういう「決まりごと」は私たちが社会に縛られているからこそ生まれる規範です。私たちがAIを本当に信頼できるかどうかは、そこが分かれ目でもあります。AIと約束をしたり、AIの言うことを信じるためには、AIもなんらかの意味で社会に縛られていないといけない。そうでないと、最後の最後でこちら側もAIを信頼しきることはできないでしょう。お互いが社会に縛られているからこそ、お互いを本当に信頼することができるんです。

それに、共感というのはお互いの関係が未熟な状態から発展していくものです。そういう段階を踏まないと、本当の意味で他者とコミュニケーションを取ることはできない。その点において、現段階のAIはまだ、私たちと同じように言葉を使っているとは言えないのではないかと思っています。

とはいえ、人間はわけのわからない、胡散臭《うさんくさ》いものを信じてしまう傾向もあります。占いや超能力もそうです。どんなメカニズムかわからないけど実際に予言が当たっているとか、そういったものに人間は惹かれてしまう。そう考えると、今後もAIを信じる人はどんどん増えるんじゃないかと予想します。

川原　ChatGPTなどの技術が社会に対して持つ影響は、これから急増していくと思います。そんな中で、生成系ＡＩの仕組みや、人間の言語と生成系ＡＩの根本的な違いを社会に発信していく、というのは言語学者の大切な仕事です。さっき話した「言語学がどのように世の中の役に立てるのか」という話にも繫がります。言語に対する正しい理解を持ってもらうこと。これはとても「役に立つ」話だと思うんです。

私なりにChatGPTと人間言語の違いを整理してみると、まずは学び方が違います。人間言語は育て手から音声を通して教わる。新聞を読んで言語を習得する赤ちゃんはいない。それに対して、ChatGPTは主に書かれたテキストデータから学んでいる。それから、これは川添さんがすでにおっしゃったことの補足ですが、ChatGPTは文を理解して答えているわけではない。与えられた質問に対して、「過去にこういう風な答え方があった」というものをオウム返ししているイメージでしょうか。あとは、チョムスキーが共同研究者と発表したエッセイの中で使われている表現を借りれば、ChatGPTは過去に書かれたものからの、壮大なスケールでの盗作です。[9] 本当に新たな知がそこから生まれるかは、私は懐疑的です。

川添　川原さんのご意見はなかなか手厳しいですが（笑）、私もChatGPTの「知性」が過大評価されている状況には危機感を覚えます。ChatGPTの元になっている大規模言語モデルは、膨大な量のテキストデータを利用して、「単語（正しくは「トークン」）の列を入力したら、その次に現れる単語を予測する」という課題のやり方を事前学習しています。これが自然な文章を生成するためのカギなのですが、それをうまくやるには、人間の言葉の中に潜んでいる様々な「依存関係」を捉える必要があるんです。

たとえば、「私はリンゴを」という単語の列の後に「食べる」が来ることを予測するには、「リンゴ」と「食べる」の関連が強いことを知っている必要があります。つまり、「リンゴ」と「食べる」の依存関係に目を付ける必要がある。「拙者は九州の生まれで」の後に「ござる」が来ることを予測するには「拙者」と「ござる」の関係に目を付け、「あなたは事件が起こった時刻にどこにいました」の後に「か」が来ることを予測する場合は「どこ」と「か」の関係に目を付けるというふうに、様々な依存関係を捉える必要がある。これを実現したのがトランスフォーマーという仕組みで、これを利用した大規模言語モデルでは、近いところにある単語どうしの依存関係だけでなく、かなり離れた単語どうしの依存関係も捉えることができるようになっています。これが、自然な文の生成に大きな役割を果たしているわけです。

しかし、だからといって「単語と単語の間の依存関係さえ把握できれば言葉を理解したことになる」とか、「言葉の意味というのは単語間の依存関係にすぎない」などという結論を出すのは早計だと思います。先ほど川原さんがおっしゃったように、赤ちゃんはテキストデータから言語を学んでいるのではありません。まずは言葉と現実世界との関係を摑み、そこから抽象概念の学習へと進んでいく。それに、単語間の依存関係にしても、トランスフォーマーからはどれも一緒くたに扱われますが、人間の目から見れば「リンゴ」と「食べる」のように「一般常識に基づく関係」だったり、「拙者」と「ござる」のように「文体に基づく関係」、あるいは「どこ」と「か」のように「文法的な関係」など、それぞれが異質な関係なんですよね。こういったことからも、少なくとも言語の面から見れば、人間の知性と今のＡＩの知性はかなり違うと言えるでしょう。

また、実用的な面から言えば、ChatGPT のお手本は元は人間が書いたものですから、その中には嘘や間違いや偏見も含まれています。ChatGPT 含め、大規模言語モデルはそういったデータから帰納的に学習するわけですから、百パーセント正しいことを教えてくれるという状況にはなりません。ＡＩの出してくる答えを鵜呑みにせず、きちんと裏を取り、ＡＩの間違いを修正できる人でないと、使いこなすのは難しいでしょう。私が見る限りでは、今ＡＩをうまく（仕事に）活用できている人のほとんどは、ＡＩがなくても自分でできちゃう人です。今後、「ＡＩありき」の環境で育つ人たちをどうやって教育するかは、難しい問題だと思います。

小説家として何を表現するか

川原　川添さんは、この状況に何かしらの危機感があったからこそ『白と黒のとびら』や『働きたくないイタチと言葉がわかるロボット』などの小説形式の解説書を書かれたんだと思います。川添さんはエッセイや小説など様々な方法で執筆をしていますが、その書き分けはどう意識されているんでしょうか。

川添　私は学術の世界から外に出た人間なので、自分が学術書として言語学の本を書くのは筋が違うなと考えていました。だからコンピュータ科学や数学など、私自身が新しく挑戦して苦労しながら学んだことを、同じ立場の初学者にわかりやすく説明する本を書きたいと思っていました。たとえば『白と黒のとびら』は、計算理論についての本です。私は計算理論を専門にしていたわけではないんですが、もともとこの分野が面白い、という思いはありました。そしてチョムスキーの理論を理解するためには、その前提にある計算理論がわかっていないといけない。学部生の頃、授業で計算理論の一部である「オートマトン理論」を教えてもらいました。そのとき、この理論がすごく魔術的だなと感じたことを覚えています。aとbという二つの文字だけからなる言語があって、aabbとかaabbaaとか、謎の文字の羅列が出てくる。これはまるで呪文じゃないかと強く惹かれました。

オートマトン理論は、オートマトンと呼ばれる抽象的な機械が文字の列を生成する（あるいは「受理する」）という考え方で、簡単な機械の仕組みと言語を対応させる理論でした。そこには、「どういうタイプの機械だったら、どういう文字の列を生み出せるのか」という視点があったんです。たとえば、ab, aabb, aaabbb のような文字の列（n個のaの後にn個のbが並ぶ列）のみをすべて生み出そうとすると、「プッシュダウンオートマトン」というタイプの機械でないとできない。aba, aabbaa, aaabbbaaa のような文字の列（n個のa、n個のb、n個のaが並ぶ列）はまた別の「線形拘束オートマトン」でないと生み出せない。こういう、文字列と抽象機械との関係が、言語と人間の脳との関係を考えるヒントになり、言語を生み出す脳内の計算の機構を明らかにするというチョムスキーの提案のベースにあるわけです。

ただし私は計算理論の専門家ではないので、オートマトン理論を解説するにしても、教科書のような体裁にするとたぶん見向きもされません。それなら自分が計算理論を学ぶのに苦労した体験を、読者とおもしろおかしく共有した方がいいと考えました。それで全体を謎解き風にして、オートマトンを「遺跡」に置き換えて、ファンタジー世界で登場人物がそこを探検するというストーリーにして……と進めていくうちに、物語仕立てになりました。自分は専門ではないという引け目も、小説という味付けがあれば少しは軽減されます。それにストーリーで引っ張れると、読者も興味を持って読み進めてくれるのではないか、と。それ以来、何か伝えたいことがあって、それを伝えるためにはどういう形式がいいのかと考えたとき、小説だったり解説書だったりエッセイであったり、手段はいくつか持っておいた方がいいと思うようになりました。

正しい日本語なんてない

川添　川原先生は『フリースタイル言語学』の中で、仙台在住の義理のご両親が話す方言が大好きだと書かれていますよね。方言に対してのリスペクトを感じます。私も親戚が北海道にいるんですが、仙台の言葉と少し似ているんです。たとえば、「ふざける」という意味の「おだつ」や、相槌を打つ際の「んだんだ」という言葉はよく耳にします。

川原　義理の両親が話す仙台方言に関しては、論文の中でデータとして論じられているものを生で体験できるというワクワク感がありました。特に、語中の「が行」が鼻音化して発音される鼻濁音は、音声学でも活発に議論されている現象で、論文はたくさん読んでいました。それを実際に話している人と家族になれたわけですから、嬉しかったですね。

言語学を研究していると、すべての言語は等しく素晴らしいという実感を得られるじゃないですか。俵さんとの対談でも議題に上がりましたが（70〜72ページ）、そもそも「なまっている」という表現自体が方言を劣っているものとみなす含みがあって、好きではありません。明治維新の際に日本一丸となって列強に対抗するため富国強兵を目指した。そのために共通語を作らなければいけなかった。だから方言を禁止した。当時は、そういう事情があったから、ある程度は仕方なかったのかもしれない。だとしても、その感覚を現代でもいまだに引きずっているのは違うんじゃないかと思います。

以前、小学生に言語学の特別授業をしたとき、「何で同じ国なのに方言が違うんですか」と聞かれたことがありました。[10] でも「逆に、みんながまったく同じことばを使っていたらつまらなくない？」と尋ね返したら、ハッとした表情で「そうか、みんな同じじゃなくていいんだ！」と反応してくれたんです。あとは「方言は好き？」って聞いたら「自分の話していることばとちょっと違うから、そこが面白くて好き」って言ってくれた子がいた。小学生が言語の多様性の大切さに気が付いてくれた嬉しい瞬間でした。

川添　私の故郷は長崎ですが、祖父は「Jリーグ」のことを「ゼイリーグ」と言っていました。逆に、「先生」のことは「しぇんしぇー」と呼んでいました。

川原　「ゼイリーグ」は、いわゆる「過剰修正」という現象です。「間違った」発音を正しくしようとするあまり、「直しすぎた」発音にしてしまうことです。その方言では、「せ」が「しぇ」になる。その人の意識の中で、「しぇ」は間違った発音で、東京では「しぇ」を「せ」と言うんだという意識がある。これを一般化して「じぇ」にも当てはめて、「じぇ」は「ぜ」であるべきだと思った。それを「Jリーグ」にも過剰に当てはめて、「ジェ」を

「ゼ」と発音する。過剰に修正してしまうので、過剰修正と言います。

川添　過剰修正という現象自体は、様々な地域で見られるものですよね。

川原　過剰修正は社会言語学で活発に議論されている現象で、様々な言語で起こることが報告されています。[vi] 過剰修正が起きるのは、「正しい言語」があるという思い込みが前提にあって、自分の「間違った」発音を修正しないといけないという意識があるからです。でも、そもそも本質的に正しい日本語なんてないはずです。それはある時代の政治体制によって作り出された人工的な制度にすぎない。共通語が言語として、他の方言よりも優れているという言語学的な根拠はありません。

以前、アナウンサーの友人とこの問題について話し合ったことがありました。共通語を広めている原因のひとつが、テレビであることは間違いありませんから。でも、彼は「より多くの人たちがことばを介してわかりあうために、軸として共通語を持つことは悪いことじゃない。方言を生きたまま保存することと共通語を持つことは両立できるはず」と言っていました。たとえば、ＮＨＫではアナウンサーはまず、地方で経験を積むそうです。それはそれで現場での経験をふまえた説得力のある考え方だなと、腑に落ちました。

川添　私も人から「正しい日本語を使ったほうがいいんでしょうか」という質問を受けることがよくあります。そのときには、言葉というのは服装みたいなものです、と答えるようにしています。
たとえば会社やフォーマルなパーティーに行くときは、指定された服装をするのが一応のルールになっている。そういう場では、そこにふさわしい服装があるように、言葉も丁寧にする必要があるかもしれません。でも家にいるときはパジャマやジャージを着て楽に過ごすじゃないですか。それと同じように、気の置けない友人といるときは、くだけた言葉が出ることだってある。それでいいんじゃないでしょうか。パジャマやジャージについて「そんなの服じゃない」とは言わないのと同じように、くだけた言葉に対しても「そんなの言葉じゃない」などと言うことはできない。カジュアルな言葉だって、立派な言葉です。言葉も服装と同じように、その場所や状況に応じて使い分けられればいい。

川原　素晴らしい喩えですね。そういう意味では、方言も服装に喩えられるかもしれません。どんな方言を話すかは、自分がどんな人間かを表現する手段だと思えばいいんです。

川添　「正しい日本語」について言えば、たとえば「ら」抜き言葉を嫌がる人もいます。私も本を書くときは「ら」抜き言葉を使わないように意識しますが、友達と話すときなんかは、自然に「あの映画、観れなかったんだよね」などと言います。あまりキチキチとしすぎなくていいんじゃないでしょうか。

もちろん綺麗な言葉遣いを心がけたいという意識は大事ですが、首をかしげたくなるような変なルールもあります。以前、私の講演を聞いてくださった社会人の方から、仕事で作成した文書について「ちゃんと『が』を避けて作文をしたのに、上司に修正されて『が』をたくさん入れられた」という相談を受けたことがありました。どうやらその人は、誰かが「一文の中で助詞の『が』を2回使うとクドくなるので、使ってはいけない」と言っていたのを鵜呑みにしていたようなんです。たしかに、一文の中にいくつも「が」が入っていると、ちょっと読みにくい文になってしまうことはあります。でも、どんな文にもその規則を当てはめるのはやりすぎです。それに、一度そういうことが気になり出したら、それればかりに目がいってしまう。人の文を読むときも「あ、まただここに『が』を入れてる！　この人は文を書くのが下手だな」と、否定的な眼差しで捉えるようになりかねません。

多くの人たちは「正しい日本語」があると思っているし、自分でもそれを使えるようになりたいと願っています。実際、「日本語の書き方」というテーマの本は今でも人気です。そんな中で言語学者というのは「正しい言葉の番人」と思われがちですが、実際はそうではないんです。言葉は文脈次第で変わるし、個人による感覚の揺れもある。言語学者は、誰よりもその現実を理解している人だとも言えます。

川原　先日、若者言葉について、「了解」を「り！」と言ったり、「まじ？」を「ま？」と略す若者言葉についてどう思うか、という取材を受けました。私はその略語が面白くて、「こういう仕組みで言葉を縮める現象が起きているんです」と返答したら、記者さんはポカンとしていました。その方は、私が「日本語の乱れ」を叱ってくれると期待していたようです。私自身は、ことばが変わっていくのは当たり前だと受け止めているので、ただ単純に略語が面白い現象だと感じている。だから、その記者さんの反応は逆に意外でした。なるほど、世の中は言語学者に「言葉の乱れ」に苦言を呈して欲しいのかと。

川添　日本人は言葉の乱れについて、妙に自戒的な面がありますよね。でも、本当に「乱れ」なのかは疑わしい。そこをより深く調べると、どこかに法則性があったりしますよね。

川原　たとえば先ほど出たケースでいえば、「タピる」という言葉もそうですよね。「タピる」という言葉は、五段活用なんです。「タピらない」「タピります」「タピるとき」「タピれば」「タピろう」と活用する。短縮された単語は、上一段や下一段にはなりません。[11] これを示す面白い例が、「粋がる」を縮めた「いきる」。これは「生きる」と同音異義語になるかというと、そうでもない。縮めた「いきる」は五段活用ですが、「生きる」は上一段。過去形を作れば、前者は「いきった」で、後者は「いきた」だから、違いがはっきりします。つまり、縮めるという現象の背後にも「結果は五段活用」という法則性が隠れている。「粋がる」を「いきる」に縮めた人は、そんなことを考えもしなかっただろうけど、その縮めた形がどのように活用するかは知っている。つまり、一般に「乱れ」と言われている現象のなかにも、規則性が潜んでいるんです。そこが非常に面白い。新語の背景に規則を発見するとびっくりしますよね。「こんな規則ができてきたか！」と感動すら覚えます。

川添　そうなんです。言葉は飽きない。だって時代や場所が変われば、どんどん変化していくものですから。考え始めたらキリがありません。

川原　略語に関して言えば日本人は「二拍」が大好き。「タピる」も、「タピオカ」を「タピ」の二文字（≒拍）に縮めています。おそらく、日本語として単語であるためには最低でも二拍が必要なんです。面白いのは、「木」とか「実」といった一文字の単語も結局、「が」とか「に」などの助詞がくっつくから、やっぱり二拍として発音される。話し言葉では助詞が落ちることもあるんですが、その場合には一文字の単語の音は伸びて二拍分になるんです。たとえば「木が倒れた」の「が」が落ちたら、「きぃたおれた」と発音する。[12]「きたおれた」とは言いません。だから「了解」を「り」と略したときも、発音する場合は小さい「っ」が後ろについているはず。「り」一文字まで省略されるのは、あくまで書かれた状態に限られた話だと思います。

川添　言葉の変化という意味では、「平板化」も興味深い。私、『ストリートファイター』シリーズなどの格闘ゲームを観戦するのが好きなんです。『ストリートファイター』にはガイルというキャラクターがいるのですが、ゲーム業界の人が「ガイル」と発音するときのアクセントが面白いんです。普通の人たちがガイルと発音するときは「ガ」にアクセントがつきます。音の高さで言えば「高低低」ですね。でも、とある有名プレイヤーは、ガイルを「低高高」というように平板アクセントで発音する。最初は違和感を覚えていたんですが、ある日、「あ、これは〝専門家アクセント〟だ！」と気がついたんです。[13] 人は使用頻度の高い単語ほど、アクセントを平板化させる習性があります。そのプレイヤーにとって、ガイルという言葉は日常的に使うもの。だから平板化したんですね。

川原　自分が使い続けている単語は、アクセントを消して平板型で発音することが多い。たとえばラジオＤＪや音楽家は「マイク」を平板化して「低高高」で発音します。出版関係者は「レコーダー」や「著者さん」を平板化して発音する。

これまで話してきたようにことばは個人差があるし、時代によって変わっていく。どんどん新しい単語や使われ方が生み出されます。過去になかった語彙や使用法が、今この瞬間にも現れているんです。それらの新しい言語現象を分析することで、言語学の知見もアップデートされていく。それは前向きに捉えるべきことで、批判されるようなことではない。

知れば知るほどわからなくなる

川原　知識のアップデートというのは、重要なキーワードだと思います。学生と話していると感じるんですが、「知識というのは全体量が決まっている。これだけ学んだのだから、知らない部分はあとこれだけ残っている。学べば学ぶほど、知らない部分が減っていく」という感覚でいる人が多い。「〇〇の試験対策は、これだけやればばっちり！」みたいな参考書が多いのも目に付きます。そんなだから、大学教授になれば勉強をやめるものだと思われていますが、完全に逆です。学べば学ぶほど、知りたい部分が増えていく。

川添　何かを知ったら、さらにその先が出てくる。道標みたいに次に繋がっていくような感覚ですね。

川原　しかも、それが一方向ではない。最近は、言語学の分析を歌声や詩歌などにも応用しようとしているから、学ぶべき方向が多方向になっています。知識は円周状になっていて、広がれば広がるほど、学びたいことが二次関数的に増えてくる。のめり込めばのめり込むほど知らないことが出てくるし、どこに行くのかわからない楽しさがある。

ことばは、やっぱり人間の活動の土台になっているものなんです。だから、いろいろな方面に視点が広がっていく。言語学の観点から俵万智さんの歌を分析してみる。歌手が持っている感覚、ラップの韻、声優たちの演じ分けを分析してみる。すると「え！　こんな世界が待っていたんですか」という驚きと喜びがある。でも、この人たちのことを本当に理解するためには、もっともっと勉強が必要になることを痛感させられる。この年になっても勉強を続けられるってありがたいことです。言語学は、まさにそんな感動や喜びを覚えることができる世界だと、最近改めて痛感しています。

註釈

i　チョムスキーは言語学に関して膨大な数の著作を出版していて、本書で網羅的に彼の著作について言及するのは現実的ではありません。彼の思想について比較的わかりやすく書かれている参考文献として、『言語と知識』（'89、田窪行則&郡司隆男 訳、産業出版）をあげておきます。同書は、一般向けの講義がもとになっていて比較的理解しやすい著作です。チョムスキーの言語理論に関しては多くの解説書も出版されていますが、やはり本人の著作を読んでみることが重要だと思います。

ii　とはいうものの、他の動物のコミュニケーションシステムと人間言語の間にも興味深い関連性が指摘されています。たとえば、岡ノ谷一夫『「つながり」の進化生物学』（'13、朝日出版社）を参照ください。

iii　チョムスキーの著作と同様に、チョムスキーの理論に反対する著作・論文も多く出版されています。言語は一般的学習機能から学べると主張する著作の一例としてトマセロの書いた『ことばをつくる』（'08、辻幸夫ほか訳、慶應義塾大学出版会）があります。ただし、本文でも川添さんが発言しているとおり、チョムスキーはいろいろな主張をしており、彼のそれぞれの主張に関して様々な議論がなされていることに留意すべきでしょう。

iv　この点に関して、「チョムスキーの理論はコロコロ変わる（から信用できない）」と批判する研究者もいれば、「チョムスキーの理論は、どの理論も核の部分は一貫していて、理論の表面的な部分が変わるのは、真実に近づいているからだ」とする研究者もいます。

v　ただし、理論物理学者の橋本幸士氏や鳥類学者の川上和人氏も、自分たちの研究が必ずしも直接的に世の中の役に立つわけではないことを明言しています（それぞれ『物理学者のすごい思考法』（'21年「、集英社インターナショナル）、『鳥類学は、あなたのお役に立てますか?』（'21年、新潮社）参照）。つまり、研究者が「その研究は何の役に立つのですか?」と聞かれること、そして、「自分の研究は必ずしも直接的に世の中の役に立たないけれど、重要なことなのだ」という姿勢を持つことは、人文科学に限ったことではないのかもしれません。

vi　英語版 Wikipedia の Hypercorrection の項に、様々な言語での実例が載せられています。

参考文献

1　Chomsky, N.（1957）Syntactic Structures. Mouton.

2　McSweeney, F. K. & E. S. Murphy（2014）The Wiley-Blackwell Handbook of Operant and Classical Conditioning. Wiley.

3　Chomsky, N.（1981）Lectures on Government and Binding. Dordrecht.

4　Chomsky, N.（1995）The Minimalist Program. MIT Press.

5　Kawahara, S. et al.（2018）Sound symbolic patterns in Pokémon names. Phonetica 75: 219-244.

6　Hall, K-C. etal.（2018）The role of predictability in shaping phonological patterns. Linguistics Vanguard

4.

7　Blasi, D. E. et al.（2016）Sound-meaning association biases evidenced across thousands of languages. PNAS 113(39): 10818-10823.

8　Potts, C. & S. Kawahara（2004）Japanese honorifics as emotive definite descriptions. Proceedings of SALT 14: 235-254.

9　Watumull, J. et al.（2023）Opinion: The false promise of ChatGPT. The New York Times, 2023/03/08.

10　川原繁人（２０２３）『なぜ、おかしの名前はパピプペポが多いのか？』ディスカヴァー21

11　堀尾佳以（２０２２）『若者言葉の研究』九州大学出版会

12　Braver, A. & S. Kawahara（2016）Incomplete neutralization in Japanese monomoraic lengthening. Proceedings of Phonology 2014.

13　井上史雄（１９９８）『日本語ウォッチング』岩波新書

あとがき

こうして対談を終え、原稿の編集も一段落ついたところで、この企画について振りかえってみると、自分でも「よくこんな企画を完遂することができたな」と驚いてしまいます。言語学者の同志である川添さんが対談を引き受けてくださったのは理解できます。しかし、高校の教科書の中で出会い、それから彼女の作品を一方的に鑑賞していた俵万智さん。大学生のときに彼の楽曲に出会い、ずっと憧れていたMummy-Dさん。もっともっと幼い頃から意識することなく声を聞いていた——そして声優の演じ分けを音声学的に分析しだしてからは、ある意味、最終目標であり雲の上のような存在であった——山寺宏一さん。こんな方々と言語学というレンズを通して「ことば」について語り合えたこと、その語り合いを対談相手のみなさまが楽しんでくださったこと、そして、その結果を一冊の本にまとめられたということ。これは、言語学者としても川原繁人個人としても、とても大きな喜びです。

対談を引き受けてくださった四人は、対談前からある程度は私の研究内容をご存じでした。私が言語学というツールを用いて、短歌・韻・声優の演じ分けなどについて分析していることを知っていて、それを「面白い」と感じてくださったからこそ、今回の企画が実現したのだと思います。ただ、本編の第4章でも触れましたが、（数年前までの）言語学は内側に閉じていて、外側からは「何をやっているのかよくわからないマイナー学問」とも捉えられかねない世界でした。そんなマイナー学問のいち学者が、どうして各分野の第一線で活躍する方々と対談する機会を頂けたのか。やはり、今の自分にとっても信じがたいことですし、三年前の自分にこのことを話しても冗談だと思われていたでしょう。

しかし、企画が一段落した今、この問いに対する答えもまた見えてきた気がします。「はじめに」でも書きましたが、言語学の究極的な目的は「ヒトを知ること」であり、そしてそれはすなわち「自分を知ること」でもあります。私の分析によって、それぞれの分野のプロたちに、彼ら・彼女らがやっていることを客観的に捉える視点を提供できたのではないか。対談相手の素晴らしさを言語学がすべて解明したなどとは口が裂けても言えませんし、これから分析してみたい課題も山積みです。それでも、言語学的な視点を対談相手のみなさまが楽しんでくださったことは間違いないかと思います。自画自賛が過ぎるかもしれませんが、この対談を通して「言語学の意義」がより鮮明になったと思います。

ともあれ、マニアックすぎるとも捉えられかねない私の分析を喜んでくださり、またそれぞれの分野のプロとして純粋に興味深いお話しをしてくださった対談相手の四人に改めて感謝を申しあげます。

個人的な話になりますが、講談社現代新書という存在は私にとって憧れでした。幼馴染みの父親が講談社勤めだったこともあって、高校生の時から現代新書の本を読みあさり、とくに橋爪大三郎先生の『はじめての構造主義』は私が言語学を目指すきっかけのひとつとなった思い入れのある一冊です。そんなレーベルに自分の著作を並べられることを誇りに思います。

本書執筆の機会を与えてくださった編集者の黒沢陽太郎さんに感謝の意を表したいと思います。対談企画という性質上、完成まで時間がかかってしまい、お会いしてから一年半が過ぎてしまいましたが、なんとかここまでたどり着けてよかったです。

二〇二二年度の秋学期に開講された国際基督教大学のセミナーに参加してくれた学生たちがいなければ、本プロジェクトは企画倒れに終わっていたかもしれません。貴重な授業時間を割いて、対談相手の作品を改めて一緒に鑑賞し、言語学的な視点からどんな分析ができるのかを議論してくれたおかげで、対談がより一層実りあるものになりました。清水紗季さん、辻田麟くん、松村維也くん、そしてとくにセミナーが終わってからも共同研究を続けてくれている古澤里菜さん。あのセミナー終了から一年以上経ってしまいましたが、改めてこの場で感謝を申しあげます。

長塚全さんと高野佐代子先生からは、山寺さんの演じ分けの分析に関して、多くのアドバイスをいただきました。また、成田広樹先生と松浦年男先生からは参考文献についてアドバイスをいただきました。この場を借りて感謝申しあげます。

科研費 #22K00559 及び #20H05617 からの補助は、直接的にも間接的にも、本書の完成の助けとなりました。また、言語学の世界を飛び出して駆け回る私に、比較的（いや、かなり）自由に研究を遂行する環境を与えてくださっている慶應義塾大学言語文化研究所にも感謝したいと思います。

最後に、やはり書籍を出版するというのは簡単なことではありません。その登山を乗り越えるために力を貸してくれた家族には、心から感謝しております。『ゾロリ』を視ている娘たちに「お父さんはゾロリの声をしている人と対談したんだよ――」と自慢し、BGMにライムスターの曲をかけながら、長女とは俵さんの短歌を一緒に鑑賞しました。そんな「娘たちに褒められたい」という父親としてはこの上なく器の小さいことをくり返す私に適切なツッコミをいれつつ、同時に言語学者である私の気持ちを理解し、最終的には私が気持ちよく仕事ができる環境を提供してくれている妻朋子は、自分にとって最高のパートナーであると痛感します。本書では共同研究者として名を連ねることはできませんが、いろいろな意味で、彼女なしで本書の完成はありませんでした。ありがとう。

講談社現代新書　2736

日本語《にほんご》の秘密《ひみつ》

二〇二四年二月二〇日第一刷発行

著者　川原繁人《かわはらしげと》

発行者　森田浩章

発行所　株式会社講談社
東京都文京区音羽二丁目一二―二一　郵便番号一一二―八〇〇一
電話　〇三―五三九五―三五二一　編集（現代新書）
〇三―五三九五―四四一五　販売
〇三―五三九五―三六一五　業務

装幀者　中島英樹／中島デザイン

印刷所　株式会社新藤慶昌堂

製本所　株式会社国宝社

定価はカバーに表示してあります　Printed in Japan

N.D.C.102　235p　18cm
ISBN978-4-06-535055-3

「講談社現代新書」の刊行にあたって

教養は万人が身をもって養い創造すべきものであって、一部の専門家の占有物として、ただ一方的に人々の手もとに配布され伝達されうるものではありません。

しかし、不幸にしてわが国の現状では、教養の重要な養いとなるべき書物は、ほとんど講壇からの天下りや単なる解説に終始し、知識技術を真剣に希求する青少年・学生・一般民衆の根本的な疑問や興味は、けっして十分に答えられ、解きほぐされ、手引きされることがありません。万人の内奥から発した真正の教養への芽ばえが、こうして放置され、むなしく滅びさる運命にゆだねられているのです。

このことは、中・高校だけで教育をおわる人々の成長をはばんでいるだけでなく、大学に進んだり、インテリと目されたりする人々の精神力の健康さえもむしばみ、わが国の文化の実質をまことに脆弱なものにしています。単なる博識以上の根強い思索力・判断力、および確かな技術にささえられた教養を必要とする日本の将来にとって、これは真剣に憂慮されなければならない事態であるといわなければなりません。

わたしたちの「講談社現代新書」は、この事態の克服を意図して計画されたものです。これによってわたしたちは、講壇からの天下りでもなく、単なる解説書でもない、もっぱら万人の魂に生ずる初発的かつ根本的な問題をとらえ、掘り起こし、手引きし、しかも最新の知識への展望を万人に確立させる書物を、新しく世の中に送り出したいと念願しています。

わたしたちは、創業以来民衆を対象とする啓蒙の仕事に専心してきた講談社にとって、これこそもっともふさわしい課題であり、伝統ある出版社としての義務でもあると考えているのです。

一九六四年四月　野間省一

日本語・日本文化

世界の言語・文化・地理

958 英語の歴史――中尾俊夫
987 はじめての中国語――相原茂
1025 J・S・バッハ――礒山雅
1073 はじめてのドイツ語 福本義憲
1111 ヴェネツィア――陣内秀信
1183 はじめてのスペイン語 東谷穎人
1353 はじめてのラテン語 大西英文
1396 はじめてのイタリア語 郡史郎
1446 南イタリアへ!――陣内秀信
1701 はじめての言語学 黒田龍之助
1753 中国語はおもしろい 新井一二三
1949 見えないアメリカ――渡辺将人

2081 はじめてのポルトガル語 浜岡究
2086 英語と日本語のあいだ 菅原克也
2104 国際共通語としての英語 鳥飼玖美子
2107 野生哲学――管啓次郎 小池桂一
2158 一生モノの英文法――澤井康佑
2227 アメリカ・メディア・ウォーズ――大治朋子
2228 フランス文学と愛――野崎歓
2317 ふしぎなイギリス――笠原敏彦
2353 本物の英語力――鳥飼玖美子
2354 インド人の「力」――山下博司
2411 話すための英語力 鳥飼玖美子

F